大
方
sight

不屈的历险
布勒**东**访谈录

△ G **O** △

法兰**西**文艺访谈**录**系列

张**博** 主编

[法] 安德烈·布勒东 / 安德烈·帕**里**诺 著
尉**光**吉 译 / 张博 注

△NDRÉ BRETON
ENTRETIENS（1913-1952）

中信出版集团 | 北京

图书在版编目（CIP）数据

不屈的历险：布勒东访谈录 /（法）安德烈·布勒东,（法）安德烈·帕里诺著；尉光吉译. -- 北京：中信出版社, 2024.1
（法兰西文艺访谈录）
ISBN 978-7-5217-6051-4

I. ①不⋯ II. ①安⋯ ②安⋯ ③尉⋯ III. ①布勒东－访问记 IV. ① K835.655.6

中国国家版本馆 CIP 数据核字 (2023) 第 197676 号

不屈的历险：布勒东访谈录
著者： ［法］安德烈·布勒东 ［法］安德烈·帕里诺
译者： 尉光吉
出版发行：中信出版集团股份有限公司
　　　　（北京市朝阳区东三环北路 27 号嘉铭中心　邮编　100020）
承印者： 河北鹏润印刷有限公司

开本：880×1230mm 1/32　　印张：9.625　　字数：176 千字
版次：2024 年 1 月第 1 版　　印次：2024 年 1 月第 1 次印刷
书号：ISBN 978-7-5217-6051-4
定价：55.00 元

总序
露天广场中的对话

　　对话，是古希腊文化的核心要素之一，从苏格拉底开始，对话便成为古希腊人逻辑思辨、去伪存真的根本手段。古希腊的整个公民社会，也都建立在对话的基础之上，对话由此成为希腊精神的活力之源。而古希腊公民畅所欲言之所，便是雅典的露天广场，人们在那里讨论政治、经济、文化、宗教等各类话题。人人各抒己见、据理力争，并最终达成共识、形成决议。露天广场是城邦社会政治秩序的最佳体现，并由此成为公共空间的经典象征。这一传统也被古罗马人继承了下来，如今罗马城中宽阔静谧的广场遗迹，依然能令人怀想起昔年人声鼎沸时的激昂活力。在古希腊语中，露天广场被称作"ἀγορά"（转写作 agorá）。在法语、英语、西班牙语、意大利语等诸多欧洲语言中，"agora"一词得到了普遍沿用。至于在拉丁语中，这种集会广场则被命名为"forum"，这个词发展到今天，常常用来表示"论坛、研讨会、座谈会"，其中依然可以看到对话精神的遗存。

今天，之所以用"agora"作为总题编订一套全新的丛书，立意便在于，以露天广场为象征，构建一个畅所欲言的交流空间，让不同的声音都能在此拥有一席之地，以古希腊式的对话精神开启一场自由的精神历险。在丛书的第一辑中，我选择了六本对话录，它们分别是：

《即兴记忆：克洛岱尔访谈录》

《闲谈，沉睡的访谈：马蒂斯访谈录》

《我的真相：柯莱特访谈录》

《爆破边界：杜尚访谈录》

《不屈的历险：布勒东访谈录》

《孤独与团结：加缪访谈录》

六本访谈录，六位受访对象。无一不是法国现代文艺界的扛鼎人物。具体而言，克洛岱尔身兼作家与外交官的双重身份，晚清时曾在中国工作过十五年，诗歌及戏剧创作也在法国名噪一时；马蒂斯作为野兽派的代表，为绘画的色彩、构图、线条使用带来了巨大的突破，再一次激发了绘画的生命力；柯莱特，波伏娃之前法国文坛最有分量的女作家，她我行我素的生活与独树一帜的创作早已成为独立女性的最佳表征；杜尚，艺术史中最惊人的颠覆者，用独属于他的方式突破视网膜霸权，打开了全新的艺术空间；布勒东，超现实主义的"教皇"，一手引领着这个 20 世纪上半叶最具活力的文艺思潮；加缪，荒诞世界中的反抗者，在严寒中寻找一条通向阳光与生命的道路。每一本访谈背后，都跃动着独一无二的鲜活人生，以对话体的方式直抒胸臆地呈现着他们的所思所感，体现着各自鲜明的性格特征。

与此同时，各本访谈之间同样可以形成隐秘的对话。杜尚承认，他之所以在年轻时走上艺术道路，观看马蒂斯的画作起到了至关重要的作用。谈起自己在朱利安学院求学的往事时，杜尚说自己总是"去打台球而不是去画室"，但并没有交代其中的因由，令读者感觉此人颇为疏狂散漫。而马蒂斯在访谈中恰好详细回忆了他在朱利安学院的求学经历，他毫不留情地指出："在朱利安学院，我面前都是一些表现裸体男性或女性的绘画，手法完美，却空洞无物，完完全全、彻彻底底的空洞无物——只有一套程序而已。我觉得自己没有任何理由去画这些东西。为了做出这些东西，我看不出自己能够跨出第一步。"马蒂斯的论述，为我们填补了杜尚没有说出的内容，让我们理解了他去打台球的真实原因。杜尚在访谈中数十次提及好友布勒东，甚至颇为傲娇地说道："我不明白布勒东为什么不联系我……只要他能够努力迈出一步，我就会立刻回应。"令人忍俊不禁。而在布勒东的访谈中，杜尚也是被他频繁引述的艺术家之典范。这些对话见证了一段友谊。谈到与自己发生龃龉的加缪时，布勒东会说:"尽管我们近来有所争执,但我还是得说,回过头来看,阿尔贝·加缪当时在《战斗报》上发表的那些文章是多么振聋发聩、直击人心。"而在加缪看来:"我恐怕我们这些作家之间的争吵并没有那么重要……当一个具体时机来临之际,他们将再一次被迫集合。那么他们之间的差异还有什么大不了呢?我们并不要求他们相爱——他们常常并不可爱。我们要求他们坚持下去。而且,正是利用各种差异,人类才创造出一个世界。"类似的穿插使得这些访谈形成了一个更广阔的互文网络,构筑出一个相对立体的法国文艺广场。

这六位人物,也许大多数可以从某种角度被定义为"先锋派"。马蒂斯是先锋派,用他的笔触改变了绘画的基本范式;杜尚是先锋派,用小便池等现成品彻底粉碎了艺术的界限,从观念角度开启了艺术创作的全新维度;布勒东是先锋派,他以超现实主义为依托深入潜意识和梦境,发掘出前所未有的美学空间;加缪是先锋派,他靠果决的勇气直面荒诞并予以抵抗,在最高价值自行贬黜的虚无年代重建人类生存的根基;柯莱特是先锋派,她打破偏见和歧视,勇敢地在作品封面署上自己的真名,毫无顾忌地表达自我。与他们相比,克洛岱尔更像一个保守派,他在一个世俗化大兴的时代笃信天主教,对超现实主义等新思潮嗤之以鼻,但是,他强烈的感受力与创造力并没有因此受到丝毫妨害,反而结出了独树一帜的果实,足以与其他几位抗衡。而在这几位先锋派之间，也未必不存在分歧。这正是露天广场的意义，这里没有一家独大，只有众声喧哗，百家争鸣。

丛书的立项与出版得到了中信出版·大方的鼎力支持与密切配合，在此要向总经理蔡欣女士和文学顾问赵松先生致谢。为了译好这套丛书，我选择了一个虽然年轻但学术扎实的翻译团队：杜尚是郑毅博士阶段的研究对象；布勒东则是尉光吉长期关注的学术重心；张慧在法国研习艺术史，对马蒂斯颇为熟稔；王子童在巴黎高等师范学院研究女性写作，与柯莱特也有重合之处。作为主编，我负责译介克洛岱尔和加缪的访谈，并为柯莱特和布勒东的访谈添加了注解，交代人物信息、历史背景等，方便读者理解文意。对于全部译稿，我一一对照原文逐字逐句进行了修订并与译者进行了细致的探讨，力图完整呈现原作中的文意与语气，把杜尚的戏谑、布勒东的严肃等原汁原味地引荐给中国读者。具体效果如何，还要交由读者判断。

最后，衷心希望读者们能够在露天广场中的这场对话里获得愉悦而丰沛的阅读体验，感受这六位法国文艺大师绝伦的创造精神。

张博

2022 年 7 月 14 日写于南京

中译序

今天，布勒东这个名字无疑已成为超现实主义的绝对符号。但布勒东是谁，他引领的超现实主义又意味着什么？对于这些问题，除了被文学史的常识所固化的术语、宣言和口号，我们还能说出更多的东西来吗？在成为专名和符号之前，布勒东当然有过一段鲜活的人生，而超现实主义也曾是一个在场的运动，因而对两者的真正认知无法绕开构成人生和运动的纷繁经历——身体的经历、思想的经历，还有言语的经历，甚至无言的经历。如尘埃一般，这些弥散的经历恰恰是最难捕捉的东西：每当回顾的光芒照去，它们会从打开的记忆之书中缓缓升起，并以其确乎可见、可感的缥缈形态，追随、包围着生命的重要动作，隐隐勾勒出运动的轨迹和界线，但它们始终不在聚焦的范围之内，甚至被当作无用的剩余物从历史的书写中预先排除出去，最终成为背景的杂音和絮语。那么，它们是无意义的吗？相反，在足够灵敏的耳朵听来，它们会以罗兰·巴特所谓"噪音之微粒"的形式，塑造出生命的独一姿势。或者，如同自动写作，它们会保留运动的无意识痕迹，而这些未经预谋也不可预测的痕迹，就悄然吐露着运动自身尚未发觉的欲望和隐秘的真谛……不过，当一部人物的访谈成为其经历的漫漫叙述时，访谈便有了一种传记和史诗的性质。

　　布勒东的这部访谈是他人生的自述，他历险的自传。1951年，应《歌剧》杂志记者和广播制片人安德烈·帕里诺之邀，布勒东为法国广播电台录制了十六期访谈。次年2月至6月，这些访谈在电台的晚间节目中依次播出。7月底，广播访谈的文稿，连同1941年以来布勒东在法国国内外接受的十一篇报刊访谈，一并以"访谈录：1913—1952"为题结集，由伽利玛出版社在勒内·贝尔特雷主编的"破晓"丛书中出版，共印了5 500册。《访谈录》的最初计划成形于1950年，按帕里诺在该书出版前夕发表的文章中的说法，他恳请布勒东贡献"一份证词，用以重温超现实主义的燃烧岁月"，并提供"从这段名副其实的史诗中得到的教诲"。帕里诺所谓的"证词"就是后来的十六期广播访谈，涵盖了布勒东从1913年到1952年的生涯自述。至于《访谈录》的第二部分"其他问答"，布勒东在1951年年末才想到把他过去十年间接受的零零散散的访谈整理出来，以扩充的形式添加到原定的广播访谈之后。故而，这部分访谈没有明显一致的主旨，其回答的问题虽多少与超现实主义相关，却不像广播自述一样着眼于整个超现实主义运动，而是受制于一时的形势，要求布勒东给出即刻的看法。鉴于这种历史语境的差别，以及形式整一的要求，我们的译本仅选取1952年版《访谈录》的"广播访谈"部分，舍弃了所附的"其他问答"。因此，呈现在读者面前的是一份完整且连贯的证词，来自超现实主义最资深的那位见证者和亲历者。

除了以超现实主义的历史进程为线索，布勒东的证词在形式上自成一体还有一个更重要的原因，那就是他完全掌控着访谈的问答内容。不同于采访者提问、受访者作答的一般访谈方式，布勒东的广播访谈自始至终都以布勒东为主导，记者帕里诺只是扮演一个辅助的角色。事实上，帕里诺的提问是根据布勒东事先拟好的发言内容设计出来的，他的所有问题都针对且服从布勒东为此精细准备的讲稿。正是布勒东的一己之言决定着整个访谈的走向和问答的节奏，在他庄严、雄辩的独白中，帕里诺的提问有如承前启后、实现话题转折和跳跃的连通器。因而，布勒东的访谈录从一开始就具有一部成文之书的性质，其完成度绝不亚于他的其他文学作品。这也体现在其高度书面化的语言风格上：布勒东发言的措辞、语气、句法无不透露着一位精于文字的作家在写作中发挥的那种巧思和才情，有些地方的表述甚至接近学院化的论文语言。录制结束后，访谈的文稿自然也经过了布勒东本人的审阅、修订、删改、补充，其行文的成熟度和复杂性只会有增无减。如此种种，皆表明布勒东对访谈的重视，他不仅要在公众面前用他擅长的方式登台表演（尽管只有声音出场），而且有心把这场回顾其生涯的演出以文字形式记录下来，变成他自己的一部作品，永远地予以保存。

　　布勒东想必熟谙表演和演说之道。早在"达达"时期，他就已经是那群在公开场所乱哄哄地进行表演的捣乱分子中的一员。而在他的一生中，他又有多少次站到讲台上慷慨陈词，或是为朋友辩护，或是抨击敌手，他念过的宣言、声明、檄文、通报已然太多。不过，这一次，他已过知天命的年纪，从初出茅庐的叛逆青年成为超现实主义的"教皇"，其表演的姿态发生了根本的改变。如果三年前，他从精神病院归来的好友阿尔托还能借着广播剧疯疯癫癫地批判上帝，那么此时的布勒东，在话筒面前则不得不保持他的成熟和威严，老老实实地用沉稳且铿锵的口吻来叙述——或不如说诵读——他的过往和经历。对布勒东这一按部就班的演说，帕里诺倒是颇为满意："布勒东完美地回应了我的期待。他的语言、他精准的记忆、他的慷慨、他的清醒，时常释放出一种不难发觉的情感和一种真正的诗意。"帕里诺愿意在访谈中交出自己的主导权，把言词的空间留给布勒东来规划和表演，除了出于他对布勒东由来已久的敬仰，或许也是因为此前对科莱特的访谈中，科莱特对其提问的频频拒绝使他感到挫败，在布勒东面前，他索性放弃了对绯闻八卦的主动刺探，任由对方决定他愿意讲述的细节。而对布勒东来说，拥有帕里诺这样一个忠实的同谋当然是他能够顺利完成访谈的必要条件，但他对访谈言语的支配首先是出于他本人要为超现实主义正名的意志。或许他太清楚所谓的访谈是怎么一回事：如果不掌握话语大权，受访者的任何言论都有可能遭到任意的篡改和歪曲，甚至被虚构出一些不实的信息来，毕竟他年轻时就炮制过这样的访谈。正如他在第六期广播中略带悔意地交代的，他在1921年拜访弗洛伊德后所写的报道《采访弗洛伊德医生》就充满"贬低的口吻"。而在后来收录该报道的文集《迷失的脚步》里，还有一篇针对纪德的访谈，其嘲弄的手法有过之而无不及，因为这篇声称在格勒纳勒街糕点店进行的访谈写得头头是道，实则全是布勒东的杜撰。虽然纪德本人在1925年的日记里承认，布勒东记录的言语确实出自其口，但布勒东呈现它们的方式已彻底扭曲了本来的意思，以至于纪德感慨自己的声音遭到了伪造，"一种不忠的机智"给他画了一幅"面目狰狞的肖像"。所以，轮到布勒东自己讲述他领导的这场纷纷攘攘、争议不断的运动时，他必定要竭力避免那样一幅肖像被敌对者刻到他身上。

确实，布勒东在广播里的发言没有给那些等着看他笑话的人留下什么可乘之机。他几乎闭口不谈他的私人生活，尤其是感情生活，那总是传记作者和小报记者们津津乐道的话题。于是，赋予他灵感的缪斯被他留在了阴影里：西蒙娜没有出场，大名鼎鼎的娜嘉只是一个书名，雅克琳娜藏在女儿背后，艾丽莎只是《秘术17》的一个创作动机……虽然布勒东自称"我受邀前来说明一场精神历险的编年史进程，而它一直是并且仍然是一场集体运动，所以我不得不相对抹掉一些自己的痕迹"，但对运动本身影响重大的一些事件，尤其是标志着团体内部动荡的除名事件，他仍一笔带过，尽管他也在某一刻为其曾经的过激举动表示过歉意。显然，他是有意为之，目的是要确保他一直深信的超现实主义理念不因个人的过失或现实的缺憾而失去生机和效力。自创始以来，超现实主义的精神纵然勇猛不羁，可在二十世纪五十年代的文化背景下，布勒东对此精神的近乎纯净的坚守，仍不免有几分悲壮的意味。在法国，布勒东不乏追随者，超现实主义还有它的信徒，但运动本身早已今非昔比，不再居于精神的主流。二十世纪四十年代的战火让他离开了法国，也迫使他的声音一度在欧陆沉寂。等他归来后，国内的形势已发生剧变。一方面，战后的思想界是存在主义的天下，知识分子大多簇拥在萨特、波伏娃和加缪周围，相比之下，布勒东已是一个老人；另一方面，得益于抵抗运动的胜利，外加马歇尔计划的美元攻势带来的不安，斯大林主义成为众多文人和艺术家的政治信仰，而与托洛茨基过从甚密的布勒东自然成为另类，遭到孤立。不过，更深的危机来自思想界内部对超现实主义的评价。透过那些试图给超现实主义盖棺定论的历史判断，布勒东意识到，昔日超现实主义所向披靡的锋芒已有被钝化的危险。

莫里斯·纳多于1944年出版的《超现实主义史》就代表了一种认定超现实主义已经终结的学术态度。纳多整理了超现实主义的重要文献，并剖析了该运动蕴含的价值观念和精神追求，最终得出了"它已过时"的结论。在纳多看来，超现实主义者是一群天真的梦想家，但他们的梦想并不能解决真正的问题：一旦"最可爱的幻觉褪去，蜃景的边缘就会留下一个愈发绝望的人，因为他曾瞥见乐园，又失去了它"。纳多的书写于法国被占领时期，在其摒弃超现实主义乐观精神的姿态背后，不难看到战争阴霾下普遍的悲观心理。存在主义的盛行不无道理。当反抗的自由被困入宿命的牢笼，圣杯骑士的梦幻传说就成了西西弗斯的残酷神话，而欲望的精神分析转向认知的意向性解释时，梦境的美好也就破碎成存在的恶心。如同超现实主义曾经抛弃达达主义一样，此刻轮到存在主义撇开超现实主义了，甚至不惜对超现实主义的理论遗产进行无情的清算。萨特高举"介入文学"的大旗，在其代表作《什么是文学？》里，把超现实主义者称为一群妄图超越人类、挥霍世界的富家子弟；他们向往精神的革命却拒绝行动，暴露了"资产阶级知识分子的原形"，其与无产阶级的接近不过是一种脱离历史的空想。另一位思想大师加缪在《反抗者》里也批判了超现实主义的诗学反抗，认为超现实主义者对非理性的捍卫导向了一种神秘主义，而其坚守的关于不可能性的梦想只能沦于虚无，因为他们"并不试图用行动来实现幸福的城邦"，对他们来说，"革命并非日复一日在行动中得以实现的目的，而是一个绝对的神话和慰藉物"。正是在这样的背景下，布勒东接受了广播访谈，重提超现实主义运动的基本观念和发展历程。不管在世人听来，这是为已经入棺的思想举行招魂所念的咒语，还是在其行将就木之际演奏的哀歌，布勒东早已习惯了一切，他的口吻中充满了超现实主义不被历史浪潮湮灭的信心。

他为何还持有如此的信心，难道不是因为他已洞悉了超现实主义的精神和真理吗？可到底什么是超现实主义呢？马塞尔·雷蒙曾说："从最狭窄的意义上看，超现实主义是一种写作手法。从广义上说，它是一种哲学态度，同时又是一种神秘主义、一种诗学和一种政治。"布勒东的访谈所展现的超现实主义就是这样一个广义的多元运动。它起初是一种文学的冲动，一种艺术的索求；然后又激烈地投身于政治，追求人类解放的宏伟梦想；最终，在诗学和政治的交汇处，它遇见了神奇，重建了一座精神的乌托邦。这就是为什么，身为诗人和批评家，布勒东在访谈中并未对超现实主义的文学和艺术创作进行过多的讲解，而是把重心放在了他所结识的人和参与的活动上。由此，他不仅做到了"抹掉自己的痕迹"，而且把超现实主义真正地变成了一场错综复杂的集体历险，它要求从各个方向打破枷锁，调动一切可用的资源，来完成社会和人性的深度试验。诚然有一批光彩夺目的文学先驱为超现实主义开辟了道路，那是洛特雷阿蒙、兰波留下的反叛的足迹；诚然有一批特立独行的艺术怪才塑造了超现实主义的美学姿态，那是达利、毕加索发明的全新的目光；但让布勒东感怀不已并滔滔倾诉的，是那些志同道合的伙伴们一起经历的放浪旅程：审判巴雷斯的公演、失控的通灵游戏、圣波尔-鲁宴会的骚乱、莫斯科之旅的后果、爱伦堡风波……超现实主义不只是纸页上的书写或画布上的涂抹，或者说，如果它有一张待写的纸页，那会是人生的纸页，任由未知的命运所执的冒险之笔来写。或许，这才是极限的"自动写作"，一种以生命本身为对象的书写：面对前途的神秘之门，超现实主义者从一个让现实与梦幻、理性与非理性达成统一的"至高点"上执掌他的笔，让不受意识支配的神秘机运引领他完成命运的写作。就这样，生命与书写生命的经历之间保持了一种微妙的关系：经历永远外在于生命的意志，它以偶然的方式降临，而降临的一切最终会成为确定的事实，成为不可更改的命运，但重要的不是既成的命运，而总是促成命运的那些经历、那些偶然。从这个角度说，布勒东的超现实主义发明的不是一种制造幻觉的写作方法，而恰恰是一种追求真实、崇尚体验的人生姿态。正如米歇尔·福柯所言，人们应感谢布勒东"发现了一个空间，不是哲学的空间，也不是文学的空间或艺术的空间，而更确切地说是体验的空间"。

《访谈录》见证了这个空间，用言语的形式铭刻了这个空间，甚至让书化成了这个空间本身。布勒东把阅读的钥匙交给了我们每一个人。"不辜负人类的历险"：这是他的结语，也是开启空间的通行暗号。超现实主义就借着这个暗号把它的历史托付给了今日，它还远没有随布勒东的离世而被画上句号；相反，它一直以其无止境的历险来召唤生存的勇气，并用这勇气所生成的对偶然和未知的欲望来超越它过早被人宣告的死亡，拯救其失落的未来。

尉光吉

2022 年 1 月 17 日

目 录

致保罗·瓦莱里

欢笑着又或许如此冒失地戴上

牧神前来敬奉的青春之冕

岩间仙女的灵魂（即便我未能画下

至少曾在某片蓝色的森林边缘撞见）。

乘着梦中历险的金舟

——谁为你留存希望？何处得你生活的信念？——

碧空清爽，低语的光芒

持续的升腾映于眼眸⋯⋯

——并非她招手邀约的乐园

裸衣之白令她狂喜

不曾受现实奴役：

黎明轻抚，塑像预感到骚动，

苏醒，大胆地供认，不装羞耻，

无声的祷告亦贞洁纯真。

（《当铺》[1]，1913 年）

---

1 《当铺》是布勒东出版于 1919 年的一部诗集，收录了他 1913 年至 1919 年期间创作的诗歌作品。这首无题诗是布勒东最早发表的诗歌作品之一，发表于 1914 年 3 月的《方阵》杂志。该诗创作于布勒东与瓦莱里相识前后，被布勒东题赠给瓦莱里。根据该诗的一份手稿，这首作品应该作于 1914 年 2 月。

一

1914 年之前——象征主义的余晖——
保罗·瓦莱里[1]的声名[2]

在什么时候，安德烈·布勒东，一种昭示着超现实主义的全新感性在您身上初露端倪？跟随哪些事件？

我的天啊……要知道，追溯一个人自身感性的进程十分困难。我们可以清楚地看到一个人成为什么，有哪些事件在生命进程中留下了印记，而那些始终躲躲藏藏、半遮半掩的东西，恰恰是这些事件的催化剂，正是"这种东西"让精神生活呈现出这样那样的情态。就像一些神秘学家指出的，光或火对于某些化学操作而言必不可少，而公式在对这些操

1　保罗·瓦莱里（Paul Valéry，1871—1945）：法国著名诗人。布勒东十八岁时便开始与瓦莱里通信，后者一度成为青年布勒东的思想导师与诗学引路人，并在生活上给予过布勒东不少帮助。但后来布勒东觉得瓦莱里背弃了自己的人生理念，加之艺术观点上的分歧，二人的关系逐渐疏远。

2　1951 年，时年 27 岁的法国记者安德烈·帕里诺（André Parinaud）作为提问者与时年 55 岁的布勒东录制了 16 期访谈节目，该节目于 1952 年 2 月到 6 月间在法国广播电台的晚间节目中播出。（本书脚注如无特别说明，均为译者注。）

3

作进行解释说明时，却对这种火、这种光避而不谈，但缺少了它们，什么也实现不了。这显然是一种空缺。对于感性，我想也是如此。

毫无疑问。不过，是什么东西让您易于接受新的潮流？从一开始，是什么引领您首先去写作，后来又让您把自己定义为超现实主义者呢？

或许，只有通过精神分析对我的童年深度挖掘，才能对此做出解释。为了回答你的问题，我对自己的回顾不得不从更晚的时刻开始，也就是青春期结束的时候，那时我已经了解自己对某些东西的兴趣与抵触了。这个时间点可以定在1913年。

1913年……您已经十七岁了。我想您当时在学物理、化学和博物（就是现在的物理、化学、生物），正在打算投身医师行业吧？

是的，但不得不说，这是纯粹的托词。其实，我的兴趣在别处。我的身体出现在阶梯教室的长椅上或实验室桌边，根本不意味着我的精神同样在场。不过，那时附在我身上的守护神绝非"文学"的守护神：我并没有因为写作的欲望而燃烧自己，也不是因为渴望让自己像人们说的那样"以文字成名"。在那个年纪，我感受到一种四处弥漫的召唤，在学校的围墙里，我对外面发生的一切存在一种模糊的欲念，那是我受到约束无法前去之所，但我内心深信，在那里，在任意某条街道上，真正与我相关的东西，涉及我本人的东西，同我的命运深度关联的东西，正受到召唤，即将上演。这解释起来并不容易。

让我们强调一下。这样的禀性在我看来构成了一种感知和行为方式，它不但属于您，还扎根于后来的超现实主义，鉴于此，诸如此类的智识态度，我敢说，就具有一种历史价值……

1913 年，关于兰波[1]，我只知道诗选中的个别片段。我还不知道他关于拒不接受的著名口号："执笔之手等于扶犁之手。好一个属于手的时代！我永远没有我的手。"我像他一样，体会到一种对所有"职业"一视同仁的抵触，包括专职作家在内。兰波曾经强调，"厌恶一切行业"[2]……

1　阿尔蒂尔·兰波（Arthur Rimbaud，1854—1891）：法国著名诗人，受到布勒东等超现实主义者的推崇。1914 年布勒东阅读了兰波的《地狱一季》，真正发现了这位诗人，在此之前，他仅仅通过一些诗选阅读过兰波的零星诗篇。

2　兰波的两句引文均出自《地狱一季》。

当时什么东西博得过您的好感？

诗歌和艺术所能制造的最罕见之物（一年前：马拉美[1]、于斯曼[2]、居斯塔夫·莫罗[3]）。你没法知道，我曾经一心想要接近那些在当时延续这一传统的人。我最先认识的是让·鲁瓦耶[4]。"我的诗歌，"他告诉我，"晦涩得像一朵百合。"事实上，这隐晦至绝妙的诗歌至今仍在我内心回响。让·鲁瓦耶当时正在主编一份美妙的杂志《方阵》，在其中发表了我最早的诗作，特别是致保罗·瓦莱里的一首十四行诗和献给弗朗西斯·维埃莱-格里芬[5]的一篇颂词。

1　斯特凡·马拉美（Stéphane Mallarmé, 1842—1898）：法国诗人，布勒东心中十九世纪下半叶最伟大的诗人之一。布勒东青年时代的诗风深受马拉美影响，尤其在对词语的使用方面。他曾亲口承认马拉美对他产生过"最大的影响"。

2　乔里-卡尔·于斯曼（Joris-Karl Huysmans, 1848—1907）：法国作家，布勒东引用最频繁的小说家之一，其小说《夫妻》《放弃》及《彼方》尤为受布勒东喜爱。

3　居斯塔夫·莫罗（Gustave Moreau, 1826—1898）：法国象征派画家。布勒东在青年时代通过于斯曼的小说及艺术评论发现了莫罗的绘画艺术，并且经常前往莫罗博物馆观摩其作品，尤其欣赏其笔下悲剧性的神秘女性形象，并将莫罗称为超现实主义的先驱。

4　让·鲁瓦耶（Jean Royère, 1871—1956）：法国诗人，1906 年创立《方阵》杂志，宣传象征派艺术。

5　弗朗西斯·维埃莱-格里芬（Francis Vielé-Griffin, 1864—1937）：法国象征派诗人。

我们知道，超现实主义从不趋向于象征主义，这就让您刚才的声明变得更加有意思了，您就这样亲手烧掉了您曾经热爱的东西！

不完全是这样。我认为，当时，文学的良知远没有堕落得像今天这么低。至少还有一些保留地，在那里，对语言表达的崇拜可以说得到了毫不含糊的呈现。当时，像保罗·福尔[1]主编的《诗与散文》这样的杂志，就可以将其发刊词毫不夸张地写成："用散文和诗歌来捍卫并发扬高雅文学与抒情风格。"大众当然进不来，但重要的是诺言得到了遵守。

我们这个时代的批评对象征主义十分不公。你跟我说超现实主义没有把赋予象征主义价值视为自身的任务：从历史的角度来说，超现实主义不可避免地对立于象征主义，但批评不必亦步亦趋。它要找回两者间的传送带，使其复归原位。

这些正值壮年的诗人和作家有何典范之处？我想，他

1　保罗·福尔（Paul Fort，1872—1960）：法国象征派诗人。1905 年创办《诗与散文》杂志。

们中的大多数人早在二十五年前就相识于马拉美的星期二聚会[1]，相识于他位于罗马街的小沙龙里。

回首再看，我觉得那正是其格调所在。他们再一次把语言表达的品质与高贵置于无上的地位。当然，他们所尊崇的美不同于我们，在我所处的时代，那种美已开始让人想起一位蒙着面纱的女子，正在朝着远方渐渐消失。不过，多亏了他们，一整套本质的价值得以保存，免遭玷污。今天这仍值得我们向其脱帽致敬（但没有人再戴帽子了……）。

不得不承认，这一时期远不如后面的时代来得尖锐。但新一代已经在驱赶象征主义者，因为立体派和未来派已在之前的四年里喧然登场，而像纪尧姆·阿波利奈尔[2]的《烧酒集》这样重要的作品也恰好在同一年，也就是1913年面世。您当时对此已经有所"警觉"了吗？

十分含糊吧：在他们周围的阴影愈发浓厚，但他们

1　马拉美在其位于巴黎罗马街的寓所中每周二举办沙龙活动，邀请年轻的诗人一起谈诗论艺，于是便形成了法国文学史中著名的"星期二聚会"。这些参加聚会的青年诗人后来成为法国象征派的主体。

2　纪尧姆·阿波利奈尔（Guillaume Apollinaire，1880—1918）：二十世纪最有创造力的法国诗人之一，引领了多个新诗运动。创造了"超现实"一词，被布勒东视为超现实主义的先驱。在去世前与布勒东交往频繁，被后者称为"本世纪最伟大的诗人"。

乐在其中，而且悠然自得，在这样的阴影里，对于这些逝去时代的伟大见证者，我保留着我的"敬意"，这个词并不过分，他们拒不接受任何让步，直视官方批评为其准备的可笑位置，心中没有一丝苦涩。他们真可谓超越了这一切。就我而言，我始终着迷于他们的那些诗句或文章，如果他们恰好封笔多年，那么怎么说呢，他们的沉默在我看来就和他们的声音一样宝贵。今天把这一点说出来很有必要，因为现在的年轻人被不断催逼着去走得更远，去"干涉"一切话题，导致他们并不感激前辈，理由是前辈中的某些人已经干涉得够多，显然不如交给年轻人来做了。

也许是因为，您觉得如此宝贵的沉默品质，我们已经不太了解了……

也许吧。我觉得，对我来说，这些人身上的某种腔调感动过我，让我永远沉浸其中，他们给了我一份无价的礼物。在我眼里，令他们永远与众不同的原因就是，在一个让我觉得异常贫困的世界里，唯有他们给过我一份礼物，而且他们与我素不相识。如果我渴望从他们那里得到别的什么，那顶多是一个生命的信号，以回信或答应见面请求的形式传达给我个人。在某些日子里，没有什么比我收到维埃莱-格里芬、勒内·吉尔[1]、圣波尔-鲁[2]以及瓦莱里的回信或应答更加重要了：就好像他们把一部分秘密分给了我一样。秘密不会因此减少，恰恰相反。已经有很长一段时间，人们不再用他们的语调写信了，哪怕试着这么写，也会有所克制。一种矜持由此产生：今天，在信中悄悄塞入一丝永恒的气息，哪怕稍稍倾向于雅致的表述，都会像电话里一样显得不合时宜……

是什么让您下定决心接触这些诗人，而不是其他具有相同趋向的人？

事实上，我自己有过深思熟虑的选择。维埃莱-格里芬如今被十分不公地遗忘了，但在象征主义和后象征主义的小圈子里，他曾经被当成一位大师。对我而言，他是一个曾把一部诗集题献给"法兰西精美言说"的人。他的诗句是那个时期最明朗也最流畅的。像《耶尔迪骑行记》[3]这样广阔的画

1　勒内·吉尔（René Ghil，1862—1925）：法国象征派诗人，象征主义的理论奠基人之一，提出过"词语乐器"理论，对布勒东影响深远。

2　圣波尔-鲁（Saint-Pol-Roux，1861—1940）：法国象征派诗人，被布勒东视为超现实主义的先驱之一。布勒东曾把自己1923年出版的诗集《大地之光》题献给圣波尔-鲁："献给大诗人圣波尔-鲁，献给那些像他一样享受着无闻于世之绝妙快乐的人。"

3　《耶尔迪骑行记》是维埃莱-格里芬出版于1893年的一部诗集，布勒东的藏书中保存着该书的首印版。

卷，就重拾并更新了维克多·雨果《海上冒险家之歌》[1]的主题，使之转向了内在世界（当我第一次去帕西河畔的豪华套房拜访维埃莱-格里芬时，我极为惊讶地发现，他的书桌上放着维克多·雨果的半身像）。像《启程》这样的诗集，由二十三首诗作组成，向生命美好的一面告别，堪称情感流露又有所节制的杰作。还有呢？在1885年[2]的两三位伟大领跑者中，维埃莱-格里芬是一个坚持躲避荣誉、远离尘嚣的人。从他身上，我看到了亨利·德·雷尼耶[3]的解毒剂。

那勒内·吉尔呢？

我以一种我自认最为颠覆，也最为疏远的方式爱着他。他作品的标题叫作《言血》《言最好之物》，等等，这种命名方式如此怪异，阅读起来眼睛常常会严重忽略其哪怕零碎的意义（而考虑到作者的某些伪科学成见，这样也许更好），它们把我抛入一种言与词的黑夜，用各种罕见的火花加以强化，令我既气恼又着迷。如果"晦涩""玄奥"这些词能够有效地适用于一种语言，那么肯定非常适用于他的语言。不

---

1 《海上冒险家之歌》出自其1859年出版的诗集《世纪传说》。

2 1885年前后法国象征派诗歌群体正式登上法国文坛。

3 亨利·德·雷尼耶（Henri de Régnier，1864—1936）：法国象征派诗人。热衷名利，1911年当选为法兰西院士。

过，当吉尔的诗篇在一间剧院里展开时（在当时举办的一次"诗歌日场"[1]期间），其音乐性的声量就主宰了其他一切。吉尔，或许还包括我后来才认识的圣波尔-鲁，是当时最受贬低的象征主义诗人。虽然批评家一如既往地对他投以嘲讽和辱骂，但我发现，令人心碎的一点是，他不顾一切地坚守着，用他的话说，他对"艰难又神圣的艺术"之"意志"。

1913 这一年差不多标志着一个边缘的尽头，那是十九世纪的金字塔投射在二十世纪的金字塔上的影子的边缘，而后者才刚开始建造。的确，我们将从下一年开始目睹后者之美[2]！但在此期间，探索的领地似乎是开放的（四十二年的和平[3]、相对的繁盛、对于进步的持久幻觉）。

不过，在智识层面，后来的证据倾向于表明，一切都一团糟……

我想知道，对您而言，在一个世纪向另一个世纪的过渡中，是否至少存在一个人，能够确保其连接？

是的，当然有，他就叫保罗·瓦莱里，并且他是独一

1　"诗歌日场"是 1913 年在巴黎老鸽棚剧院举办的诗歌朗诵活动。

2　1914 年第一次世界大战爆发。

3　即从 1871 年普法战争结束到 1913 年。

无二的。有很长一段时间，他对我来说都是一个巨大的谜。关于他，《与泰斯特先生共度的夜晚》[1] 我几乎倒背如流，它在 1896 年，也就是我出生的那一年，发表于他参与创办的《半人马》杂志。

我一直把这部作品放在很高的位置，以至于某些时候，我觉得泰斯特先生的形象从他的书籍边框——瓦莱里的小说——中走了出来，来到我耳边念叨他严厉的抱怨。直至今日，我还能在不少情境下听到这个人物以其独有的方式嘀咕，他仍是那个我认为有理的人。对我来说，瓦莱里已然在这部作品中抵达了至高的表述：由他创造的一个角色（至少我这么认为）真的动了，前来与我相遇。

您对他过去的那些诗也有感觉吗？

总体来说，是以另一种方式。但它们很可能对我的心灵使用了和陷阱一样的省略法。这些诗散布于年代久远的杂志，当时并不好收集。不过，每当一首诗到手，我都没办法穷尽其中的神秘或纷乱。它们涉及梦幻的光滑斜坡，往往还是色欲的梦幻。我想起自己第一次读《安娜》这样的诗作，甚至后来再读也还是这种感觉：

1　《与泰斯特先生共度的夜晚》是瓦莱里的一篇小说，1896 年首次发表。

安娜与苍白的被单混为一体，

将沉睡的秀发抛在微睁的双目前，

凝视她远远弯曲的慵懒手臂

放在她裸露的腹部无色的肌肤上……

　　由于对瓦莱里的频繁阅读，我无疑从精神上养成了某种淫秽的趣味。

　　对您来说，他长久保持的沉默[1]还增添了他的魅力吗？

　　回过头来看，这是他让我觉得最为迷人的地方……在付出了那么多后，他似乎真的给他的文学生涯永远放假了。十五年来，他什么都没发表过。据说他置身世外，全然醉心于思辨，而数学很可能占了其中一大部分。我忍不住从泰斯特先生的命令出发，做些或好或坏的猜想——这是十分有趣的题外话。我想，在瓦莱里身上，泰斯特先生已永远取代了诗人，甚至取代了"诗歌爱好者"（就像他不久前喜欢给自己定义的那样）。在我看来，瓦莱里的做法从一个神话的固

1　从 1898 年开始，瓦莱里停止了诗歌创作，直到 1917 年发表《年轻的命运女神》，才打破了他在文坛二十年的沉默。这一沉默期成为瓦莱里的人生谜团之一。

有声誉中获益了。这个神话，我们已经看到它围绕兰波[1]建立起来——一个人某天转身背对其作品，仿佛一抵达巅峰，作品就以某种方式"赶走"了它的创造者。兰波此举赋予了那些巅峰一种无法逾越、某种意义上令人眩晕的特点，并且，我还要说，允许它们施展一种魅力。兰波在哈勒尔[2]的历险（它所引发的疑问）赢得了，并将继续赢得，绝大部分我们对他充满激情的兴趣。瓦莱里，在我看来，也处在同样的光芒下，此后的马塞尔·杜尚[3]也是如此，而且仅他一人。

您能回忆一下您同保罗·瓦莱里的相遇吗？

我还记得自己第一次进入他家的场景，是在维勒居斯特街40号，我几乎没有料到有朝一日这条街会以他的名字命名[4]。漂亮的印象派画作被尽其所能地塞进了家里，挡住了镜子。这个人——除了他没有别人——极其优雅地接待了

1　兰波在二十岁出头时完成了自己全部的文学创作，之后彻底抛弃文学，在全世界旅行、经商，余生没有写下一行与文学相关的文字，这一经历成为法国文学史上的一个"神话"。

2　哈勒尔位于埃塞俄比亚，兰波曾经在当地经商。

3　马塞尔·杜尚（Marcel Duchamp，1887—1968）：法国艺术家，二十世纪最具颠覆性的艺术家之一，布勒东的好友。在其人生中曾一度放弃艺术创作，转而下了多年国际象棋。

4　维勒居斯特街1946年改名为保罗·瓦莱里街。

我，上楼梯时，我很难看清他的脸，而他如落潮海面般透明的美丽蓝眼睛，在略显专断的眼睑下凝视着我。我记得他一开始就让我很窘迫，因为他夸赞我曾经有幸住在庞坦[1]，那里对他来说已经变成了巴黎街头的香水工厂：他说，他羡慕我"在风尘女的裙丛"中长大。他或许保留了于斯曼的精神转向，但恋物的风格完全是他自己的。其谈话魅力与非凡才智从那时起已经得到了足够的赞扬。但最动人的或许是从他"极度毁灭性的——甚至虚无主义的"精神中透露的东西，而这种精神恰好打动了 T. S. 艾略特[2]。

这无疑让他成了一座通往超现实主义的桥梁，不过这桥梁不是在 1921 年前后产生了裂缝，并在数年后断裂[3]了吗？

没错，不过瓦莱里仍教给了我许多东西。多年来，他以恒久的耐心回复我所有的问题。他让我对自己严格要

1　庞坦是巴黎北部市镇。布勒东在此地度过了童年。于斯曼在小说中曾描述过庞坦城中香水厂的气味，布勒东和瓦莱里对此都十分熟悉。

2　托马斯·斯特恩斯·艾略特（Thomas Stearns Eliot, 1888—1965）：诗人，出生于美国，1927 年加入英国籍。在 1946 年马赛出版的《南方手记》杂志中，艾略特发表了《瓦莱里的教导》一文，其中写道："我相信，他的精神是极度毁灭性的——甚至虚无主义的。"

3　由于美学品位方面的巨大差异，二十世纪二十年代之后瓦莱里与布勒东逐渐疏远。

求——他为此承担了一切必要的辛劳。我之所以长久专注于某些高度的纪律性，也要归功于他。只要达到某些根本要求，他也会给予我全部的行动自由。他告诉我："我根本不是一个焦虑于如何把思想分享出去的人。劝人皈依的做法与我截然相反。每个人都见其所见……"

……然而，我之前提到的那个神话应该是最强大的。没有什么顶得住失望，顶得住幻灭：眼看他突然就与自己的态度背道而驰，发表新的诗篇，修改旧作（而且是笨拙地改），试图让泰斯特先生复活，却无济于事。我就不细说他的这个惊人的演变阶段了。我选择在他入选法兰西学院的日子[1]脱手卖掉他的信件，一位书商对此觊觎已久。我的确有保留复本的癖好，但很长一段时间，我都珍藏着原稿，像对自己的眼珠一样爱护。

岁月流逝。我想有不少相互的影响已经产生……

是的，象征主义的圣殿彻底坍塌了。其他或多或少值得注意、或多或少一夜成名的过客，也有登场之日，其中几位，甚至还有分量丝毫不轻的谢幕之时。

总体上，他们带来了一个命令迥异的讯息，要求立刻

---

1 1925年瓦莱里当选法兰西学院院士。

进行检视，并且本质上是要朝前进而不再是向后走。立体主义和未来主义已经是意味深长的爆炸。战争则是完全不同的爆炸。而骑在将二者绑在一起的时间之马上的（如他喜欢的那样），则是我眼中至为重要的诗人形象：纪尧姆·阿波利奈尔！

好的，如果您愿意的话，我们第二次广播将展现您自身的情况，也就是1914年至1919年的进程。

瓦谢不会为问好或告别而伸手。他住在钟楼广场一间漂亮的客房里，与一位年轻女子同居，我只知道她名叫露易丝，为了接待我，她不得不在一个角落里一动不动地静静待上几小时。到了五点，她端上茶，而为表感谢，他会吻她的手。他声称自己和她之间没有性关系，只满足于躺在同一张床上，睡在她身边。

（《迷失的脚步》[1]："傲慢的忏悔"）

---

1 《迷失的脚步》是布勒东出版于 1924 年的文集，其中回顾了超现实主义的诞生过程和核心理念。

二

1914—1918 年大战——从纪尧姆·阿波利奈尔到
雅克·瓦谢[1]——兰波的魔力——
直面"人类精神的迷乱"

这第二次广播提及的时期介于 1914 和 1919 年之间。关于这一时期,第一个重要因素便是:您在战争初期的精神状态。您能否向我们吐露一些记忆呢?

为什么不呢?《背包在肩》[2]……你知道于斯曼的这篇小说吧,它是自然主义的一篇杰作,收录于《梅塘夜谭》[3]。嗯,只需把它稍稍挪动一下,让它略微贴近地面,就能理

1　雅克·瓦谢(Jacques Vaché, 1895—1919):布勒东的好友。曾在一战中负伤,被送到了后方布勒东工作的医院,二人因此结识。之后与布勒东进行过许多关于人生意义的交流。1919 年 1 月 6 日,瓦谢在一间旅馆客房中吞服鸦片自杀,他的死对布勒东造成了巨大的精神震动。

2　《背包在肩》是于斯曼的一篇短篇小说,最初发表于 1877 年,1880 年收入短篇小说集《梅塘夜谭》。

3　《梅塘夜谭》是法国自然主义文学大师埃米尔·左拉组织编纂的一部短篇小说集。梅塘位于巴黎郊区,是左拉的别墅所在。他与包括莫泊桑和于斯曼在内的其他五位小说家经常在此聚会。1880 年,左拉邀请各位作家以普法战争为题提供一篇小说,结集出版,该小说集便是《梅塘夜谭》,其中最著名的一篇是莫泊桑的《羊脂球》。

解包括我本人在内的某些年轻人的心情了：1914年的战争夺去了我们的所有憧憬，把我们抛进一个血污、蠢话和烂泥的臭水沟。

　　您当时持反抗的立场。您能细说一下您的精神状态吗？

　　就我个人而言，经过最初的惊愕——几个月的炮兵"训练"——之后，我开始用一种更加质疑的眼光打量四周。身边，甚至在"军营"里，最感性的东西已经悄然找到了庇护之所：其中包括在设计新礼服时挽回难得的消遣；由于彻底不适合军事训练而招致处罚，在阅读处罚命令时满足于用鼻子闻一小瓶琥珀油；还有，一听到"稍息"或"立正"，就潜心于《哥林多前书》[1]。战争初期的灾难、堑壕战的灰暗前景、冲突的不确定结果，就连这些多少有些遮掩的事情，都引发了一种特定的"灵魂状态"（必须使用这一说法），在其中逆来顺受难以找到属于它的位置。

　　作为诗人，当时您从什么源泉中滋养您的精神呢？

1　《哥林多前书》是《圣经·新约》中的一篇，是使徒保罗为哥林多人写的信，是保罗所有书信中最长的一篇，谈论了教会、道德、婚姻、祭祀、恩赐等问题。

我最开始顺理成章的反应是，转向那些我认为能够多少照亮这个蛇坑的人，首先是那些在此之前大力或长久地发过声的人，而人们也有理由认为他们最适合"掌控局势"。转眼间多么失望啊！今天谁还有勇气重读当时巴雷斯[1]们或柏格森[2]们所写的文章？这些文章的表达水平并没有超过一份唯利是图的报刊，甚至无法让我耐心地接受自己的处境。民族主义从来不是我的后盾。如果，在这方面，我的思想源自某人，那么这个人就是，而且至今依旧是，写下《论人类不平等的起源》和《社会契约论》的让-雅克·卢梭。没有任何讨伐之声可以改变这一点。卢梭：我甚至告诉自己，正是在这条枝杈上——在我看来，它是抵达人性高度的第一道石堤——诗歌得以开花。

在这样的情况下，我怎能不试着向诗人们求助呢：他们如何看待这场可怕的历险？什么成为他们眼中第一位的价值？比如，在之前的岁月里，问题只是打破一切固定的框架，实现最大限度的表达自由：到了这个所有的嘴巴都被

1　莫里斯·巴雷斯（Maurice Barrès，1862—1923）：法国作家。1906年当选法兰西学院院士。"民族主义"一词的鼓吹者。在第一次世界大战期间撰写了许多歌颂法军的文章。布勒东对巴雷斯的态度颇为矛盾，一方面他曾邀请巴雷斯为雅克·瓦谢1919年出版的《战争书简》作序，另一方面在1921年对巴雷斯进行了一场达达主义的审判。

2　亨利·柏格森（Henri Bergson，1859—1941）：法国哲学家。1914年当选法兰西学院院士。在战争期间参与了反德宣传，并在一战期间的一系列文章中谈论了战争的意义。

封住，不然就是所有的眼睛都被蒙上的时代，又会发生什么？……我不会谈那些诗人或冒充的诗人，他们最关心的是……拥护民族精神（雷尼耶们、佩吉[1]们、克洛岱尔[2]们）并对当时的形势之"荣耀"大唱赞歌。其他人则保持沉默：为数不多，但仍十分可取。一些十分罕见的人类语调直到后来才发出声音，但颇为艰难，或是因为他们受到抑制，或是因为他们的音色不合规定（我尤其想到皮埃尔·让·茹弗[3]最早的诗集）；就个人而言，他们对我没有任何帮助。当时对我来说，只有一个人，其诗歌天赋令其他所有人黯然失色，他一直是焦点所在：他就是纪尧姆·阿波利奈尔。

纪尧姆·阿波利奈尔，伟大的名字在此脱口而出，我希望您能向我们定义一下，当时在您眼中这位诗人及其作品的重要性如何？

我们的关系，虽然短暂，对我来说却极其持久，它是

1 夏尔·佩吉（Charles Péguy，1873—1914）：法国诗人，在一战中阵亡。诗歌中多有民族主义情绪。

2 保罗·克洛岱尔（Paul Claudel，1868—1955）：法国诗人、外交官，曾先后出使上海（1895）、福州（1900）和天津（1906—1909）。其作品中显露出强烈的天主教信仰，并且在一战期间写过一些爱国主义作品，这两点均引起了布勒东的反感。

3 皮埃尔·让·茹弗（Pierre Jean Jouve，1887—1976）：法国诗人。一战期间的作品具有和平主义的反战观点。

在通信中建立的。他第一次亲身出现在我面前，是 1916 年 5 月 10 日，在他的医院病床上，也就是他做完穿颅手术[1]次日，正如我那本《烧酒集》上的题词让我想起的那样。从那时起，我几乎每天都要去探望他，直到他离世。

他是一个十分高大的人物，此后我再也没见过像他这样的人。说实话，他相当桀骜难驯。他是活生生的抒情诗。他引领着其身后的俄耳甫斯随从队列[2]。

他是《失恋者之歌》《区域》《兰多大道的侨民》及《圣梅里的音乐家》的作者，诗界风云的弄潮儿，换句话说，他是以下观念的使徒：要求每一首新作都要对作者的写作手法进行一次彻底重铸，要求它走完其自身的历险，远离已然开辟的路线，无视过往的得失。他对陈词滥调多么警惕啊，而在他之后，人们几乎总是落入窠臼！而你也知道，他有才干坚持这一赌注……

哦！当然，没有人再怀疑这一点。我想知道您如何评价阿波利奈尔的诗学方法及他的工作方式……

---

1 阿波利奈尔在一战中头部中弹，不得不接受了穿颅手术，手术虽然成功，但导致他抵抗力下降，最终死于 1918 年的西班牙流感。

2 布勒东在这里化用了一个典故：阿波利奈尔曾在 1911 年出版诗集《动物寓言诗或俄耳甫斯的随从队列》。

他选择的座右铭是："我制造惊奇。"至今我依然觉得，这话从他口中说出不算自夸，因为几乎只有他一个人具备各种专业领域的广博学识（神话、一切引发强烈好奇的东西，以及一切埋葬于图书馆禁书库房里的东西），并且仍然全心全意向未来保持开放。他不满足于对那个时代最大胆的艺术事业加以支持，还觉得需要亲自投入其中，把他拥有的一切高超学识、炽热活力和耀眼光芒都拿来为之服务。正如他至少被雅里[1]笔下的角色征服过一样，他便在《当代奇人志》[2]中为其描绘了一幅动人的肖像，他能一下子认出亨利·卢梭[3]的天赋，他还对马蒂斯[4]、德兰[5]、毕加索[6]、基里柯[7]的步调进

1　阿尔弗雷德·雅里（Alfred Jarry，1873—1907）：法国作家，1896 年完成剧作《愚比王》，深受阿波利奈尔和布勒东的赞赏。

2　《当代奇人志》是阿波利奈尔去世后出版的一本遗著，其中收集了阿波利奈尔生前发表的一些零散文章，分析评论了包括雅里在内的一系列世纪末作家。

3　亨利·卢梭（Henri Rousseau，1844—1910）：法国画家，自学成才，与学院派格格不入，因此长期受到主流的轻视和嘲讽，但得到了阿波利奈尔的大力推崇。卢梭去世后，阿波利奈尔为其撰写了墓志铭。

4　亨利·马蒂斯（Henri Matisse，1869—1954）：法国画家。阿波利奈尔是最早对马蒂斯产生兴趣的批评家之一，曾经写过一系列关于马蒂斯的文章，去世后以《亨利·马蒂斯，1907—1918》为题结集出版。

5　安德烈·德兰（André Derain，1880—1954）：法国画家，野兽派的创始人之一。阿波利奈尔的好友，曾为他的诗集做过插图，阿波利奈尔也为其撰写过一系列艺术评论。

6　巴勃罗·毕加索（Pablo Picasso，1881—1973）：西班牙画家。阿波利奈尔的好友。1900 抵达巴黎之后与阿波利奈尔结识，后者对毕加索的才华大加赞赏，助其在法国画坛建立声望。

7　乔尔吉奥·德·基里柯（Giorgio de Chirico，1888—1978）：希腊裔意大利画家。先锋艺术的重要人物之一。

行了一劳永逸的定位。他凭借精神的测绘工具来进行定位，这种做法自波德莱尔以来就再也没人见过。尽管他身上浸透着多重传统，但起草"未来主义的反传统"宣言仍让他引以为傲。在这方面，瓦莱里成了一个落伍，甚至原地踏步的形象（不过这本身是件有趣的事），而阿波利奈尔则大步前行，有时甚至走过了头。我一直爱着他，我坚持向他致以这般崇高的敬意。他是一位了不起的"通灵者"。绝大多数继续带着同情甚至热忱来谈论他的人仍在其门外徘徊。在沉思与预感相互交织的道路上，从《腐朽的魔法师》到《被杀害的诗人》[1]，尚有许多盏灯没有点亮。

面对战争，阿波利奈尔有过怎样的表现？

我们很快就知道他参军了，那些能够与他保持联络的朋友们交流着他的诗歌新作。其中总闪现着相同的火花，却丝毫没有表现出对时局明晰可感的意识。他凭一种无疑真诚的热情解决一切，但这种热情在当时与下命令的热情合流了，并且，不管情感的表达如何一直翻新，在我看来它却免

---

1 《腐朽的魔法师》是阿波利奈尔十八岁创作的故事，出版于 1909 年，重写了亚瑟王传奇中的魔法师梅林。《被杀害的诗人》是阿波利奈尔出版于 1916 年的故事集，包含了一系列重要主题：私人记忆、诗人的死与重生、创造世界、重塑现实等。

不了随波逐流。这里避开了最糟糕的时代现实，也回绝了最合理的忧虑，好让一场游戏在所谓的《图画诗》[1]里毫无顾忌地上演，而他的精神，则极度无理地执意要在战争的"布景"下寻得属于他的财富。面对战争的可怖事实，阿波利奈尔以一种扎入童年的意志作为回应，不惜一切代价地"恢复万物有灵论"，而后者根本不是理想的护身符。不管他在这条道路上取得了怎样了不起的成就——我想到了《1915年4月的夜》这样的诗作——我都觉得，诗歌在他个人身上无法战胜灾难。在我眼里它已被缺陷击中。也许正因如此，我才格外关注另一条截然不同的讯息。

您多半是想说瓦谢吧？

是的。如果存在一种对我的全面影响，那就来自他。

人们对瓦谢的态度进行过许多评述，但您是第一个强调其证词重要性的人。是什么让您对他格外感兴趣呢？

1　《图画诗》是阿波利奈尔出版于 1918 年的一部诗集，副标题为《关于和平与战争的诗篇，1913—1916》。阿波利奈尔在这部诗集中对自由诗进行了一系列形式实验，尤其在排版印刷方面，例如诗歌的内容描写一面镜子，整首诗的字母就串成一面镜子的形状。但这类实验在法国诗歌史中并不算成功。

首先，由于他，一切都被无视了。面对那个时代的恐怖，此前我在身边看见的对抗只有迟疑和嗫嚅，而他在我看来是唯一绝对安然无恙的人，只有他有能力打造水晶的护甲，免受一切感染……我们相遇——没错，关于这件事已经写过不少了——在南特的一家医院里，我是实习医生，而他在接受治疗。这让我们回想起 1916 年的头几个月。他的举止极为讲究，谈吐异常轻快，令我震惊不已。如果不是因为对于家庭以及其他事物持有同样洒脱的看法，他完全能被当成泰斯特先生[1]之孙了。当时正在发生的，甚至可以说，被大家普遍思考的"骇人情况"，让他处于一种特别自在的状态。

至今我仍然觉得，他是一个行动起来的德泽森特[2]。他的"逆反"之举在受到严厉监视的处境下展开，却又如此一丝不苟，以至于一种意图报复却刻意压低的笑声，一种纯粹来自内心的笑声，在他身后爆发出来……

这其中不是有他崭新的，我想您甚至会说，"秘传"的幽默观吗？

1　泰斯特先生是瓦莱里笔下的一个角色，是一个几乎没有情感、个人态度与生活世界的人物，强调思考的条理性、精确性、逻辑性，反对直觉。瓦莱里通过这个人物对人类在现代世界中的悲剧命运做出了预言。

2　德泽森特是于斯曼小说《逆反》中的主人公，一个身体瘦弱、性格古怪、与世隔绝的美学家，厌恶十九世纪的资产阶级社会，试图退回艺术的理想世界之中。

也就是忧默[1]。仿佛是出于厌倦，并且是在我的催促下，他为其给出了这个定义，即忧默完全可以是"万事万物充满戏剧性（但毫无乐趣）的无用感"。这一定义远远不限于不抱幻想、看破一切的沉思。在安德烈·纪德[2]笔下，拉夫卡迪奥[3]曾把一些人称为"貘畜"[4]，瓦谢的"忧默"，不会放过任何有损于这类人的细微举动。对此，我已在雅克·瓦谢的《战争书简》再版之际，在对自身记忆加以核准时，给出了几个例子。其中并不排除一些据说"品位很差"的笑话（哪怕只是为了激烈地抨击这一品位）。在瓦谢这个人身上，一种彻底不服从的原则，极为隐秘地侵蚀着世界，把当时看似无比重要的东西贬至微不足道的层面，令其道路上的一切都失去了神圣色彩。艺术本身也未能幸免。雅克·瓦谢声称，

---

1 忧默（umour）是瓦谢在《战争书简》中创造的一个新词，来源于"humour"（"幽默"）一词，去掉的"h"也是"人"（homme）、"人类"（humain）、"人性"（humanité）的首字母。瓦谢本人对该词的定义是："万事万物充满戏剧性（但毫无乐趣）的无用感。"在一个好战作为美德被颂扬，屠杀被合法化的时代，瓦谢用"忧默"一词来表达他对于道德、艺术、爱国主义等的嘲笑和拒斥。瓦谢的"忧默"概念对日后布勒东的"黑色幽默"精神产生了重大启发。

2 安德烈·纪德（André Gide，1869—1951）：法国作家，1947 年诺贝尔文学奖得主。

3 拉夫卡迪奥是安德烈·纪德发表于 1914 年的小说《梵蒂冈地窖》中的主要人物，是一个私生子，崇尚绝对自由。布勒东十分重视拉夫卡迪奥这一角色，曾写过《献给拉夫卡迪奥》一诗，并且视其为黑色幽默的典范，认为这个人物对于年轻一代而言意味着"在一切形式上拒绝因循守旧"。

4 "貘畜"是拉夫卡迪奥对一个在火车上坐在他对面的陌生人的蔑称，他在没有任何动机的情况下试图把这个陌生人推下火车。

"我们既不喜欢艺术也不喜欢艺术家"，他最多允许"借助寥寥数语火焰般的碰撞来形成个人感受"，或者，最好是"勾勒出情感的棱角或整齐的方块"[1]。对我而言，他在这方面的态度就像在其他所有方面那样，标志着纨绔美学[2]发展到极致的形式……

抱歉打断一下，在瓦谢和阿波利奈尔的态度之间，存在一种深刻的对抗：您如何能协调两者？

当然，这两种生命风格处在深刻的对抗当中，而对我来说，它们冲突最激烈的日子，莫过于1917年6月24日，也就是阿波利奈尔的剧作《蒂蕾西娅的乳房》[3]首演之日。我曾经有机会讲过，瓦谢正好从前线回来休假，约我在那里相见。演出开始时间比计划晚了近两个小时。那部剧本身相当令人失望，而且表演也相当平庸，那些观众早就等得一肚子火，更是用大声喧哗来迎接第一幕戏。正厅前排的一个位置

1　以上内容出自雅克·瓦谢1917年8月18日写给布勒东的信件。

2　纨绔美学（dandysme）是十九世纪法国文化中的一种特殊产物，是一种花花公子的道德与美学态度，代表着对于精细考究的追求以及反传统、反常规。波德莱尔便是其中的代表人物之一。

3　《蒂蕾西娅的乳房》是阿波利奈尔创作的一出戏剧，副标题为《超现实主义戏剧》，这是"超现实主义"一词首次登上文坛。1917年6月24日在巴黎首演，场面混乱。

上再度爆发了骚动，而我很快就看清了原因：是雅克·瓦谢穿着英国军官制服进来了。为了立刻跟上现场的调子，他掏出了他的左轮手枪，眼看就要一时兴起用上了。我尽我所能让他冷静下来，成功地让他忍到了表演结束，尽管极不耐烦。那一晚，我史无前例地探测到了把两代人分开的裂痕有多深。当时激怒瓦谢的不只是剧作廉价的抒情语调，还有布景和服装平庸的立体派风格。那一刻，瓦谢以挑衅的姿态出现在对这类演出感到烦腻又内心虚伪的公众面前，俨然是个启示者。再过几年，三或四年，于此势不两立的两种思维模式就会完成决裂。

战争经历不也强化了兰波对您的影响吗？

是的。说来矛盾，在南特[1]的岁月里，与雅克·瓦谢的相遇促使我修正了自己先前的大部分判断，但那段时间，我也对兰波真正入门了，我开始深入研读他的作品，并投入了全部的激情。不得不指出，1916年，一些重要文献，如1875年致德拉阿耶[2]的信，才披露没多久，所以此前人们一

---

1 南特位于法国西部，一战期间布勒东曾在南特的医院工作。

2 恩内斯特·德拉阿耶（Ernest Delahaye，1853—1930）：法国作家，兰波的好友。在兰波致德拉阿耶的信件中抄录了一些他从未公开发表的诗作，如1875年10月14日兰波致德拉阿耶的信件中抄录的《梦》。

直缺乏关键的路标：这些文献，事实上标出了兰波思想演化的重要转折点，他对诗歌的彻底告别，以及他向一种完全不同的活动形式的过渡。穿过南特的大街小巷，我心里想的全是兰波：他曾经的所见，尽管地点截然不同，却与我眼前的景象相融，甚至取而代之；说起来，我此后再也没经历过这种"第二状态"。从林荫街医院到美丽的普罗塞公园，每天下午我独自步行的漫漫路途为我打开了窥望《彩画集》[1]中景色的空隙：这儿是《童年》里的将军家宅，那儿是"拱形木桥"[2]，更远处是兰波描述的一些十分奇异的运动，它们都涌入了一条与公园接壤的环形小溪，而那只是"地沟河"[3]的一部分。关于这些事物，我给不出更合理的看法。我对知识的全部需求都集中于兰波，瞄准了兰波；我甚至想方设法不厌其烦地让瓦莱里和阿波利奈尔跟我谈论他，而他们能告诉我的，可想而知，与我的期待相去甚远。在兰波的话题上，瓦谢当然表现出最大限度的容忍，但他的力量在此对我失效了。我像是中了一个魔咒……不久之后，职务的变化使我得以从中分心：我一下子成了圣迪济耶[4]第二军团精神病中

---

1 《彩画集》是兰波最后完成的一部诗集，1886年在他不知情的情况下由其朋友日耳曼·努沃整理出版。

2 出自兰波《彩画集》中的《大都会》一诗。

3 《地沟河》是兰波作于1872年的一首诗的标题。

4 圣迪济耶是法国东北部城市。

心劳尔·勒鲁瓦[1]医生的助手。该中心接收那些因精神错乱（包括一些强烈的谵妄）而从前线撤离的军人，以及各类即将被移交给军事法庭的犯人，他们需要一份法医报告。我在该地的停留，以及我对其中发生之事的持续关注，对我的一生意味颇多，对我的思想进程也多半具有决定性的影响。正是在那里，我已能在病人身上试验精神分析的调查程序，尤其是以解释为目的，记录他们的梦境以及不可控的思维联想，尽管这种做法当时还远未流行。我们已经可以注意到，这些梦境、这些联想的类别，从一开始就构成了超现实主义的几乎全部素材。只不过收集这些梦境、这些联想的目的经过了一番扩展；没错，始终是为了解释，但首先是解放种种约束，逻辑的、道德的和其他方面的约束，以求恢复精神的原初力量……用学院字体工整撰写的法医报告，其结论决定着一个人人生的全部前景，让我对责任的概念产生了一种极度批判的感觉。最后，这大概更加主观，我在病房里遇到了一个人，对他的记忆从未模糊过。那是一个有教养的年轻人，他在前线极度鲁莽的举动引起了上级长官们的不安：他在猛烈炮击之时站到护墙上，用手指指引呼啸而过的炮弹。他在医生面前的辩解再简单不过：说来不可思议，虽然对他而言这一伎俩并不新鲜，但他从未受伤。然而，在这背后，

1　劳尔·勒鲁瓦（Raoul Leroy, 1869—1941）：法国精神病学家。

清晰地流露出一些明显异端的信念：所谓的战争只是假象，表面的炮火产生不了任何伤害，眼见的伤口其实是妆容，而且，无菌要求也阻止一个人拆开纱布一探究竟。他还坚持认为，从解剖室收取的尸体夜间被运到虚假的战场用于布置，等等。审讯当然尽其所能地让这个人承认，这样一个布景的过度开支不可能是为了对他个人进行考验，但我觉得他并不接受。他的论据无比充分，绝不改口，使我印象深刻。后来，我经常想，在极端情况下，他出现在了一条路线上，把费希特[1]这样的唯心主义者的思辨和帕斯卡尔的某些彻底的怀疑连接了起来。这其中当然对我产生了某种诱惑，它会在我数年后的《妄语导论》[2]里得以披露。

所以您在圣迪济耶的经历给您留下了深刻的印记。您能说说这一时期对您未来的影响吗？

从我入职圣迪济耶中心的那一天起，我就对通常所谓的人类精神失常现象保持着一种强烈的好奇和巨大的尊重。考虑到它们招致了难以忍受的生活处境，或许我也学会了如

1　约翰·戈特利布·费希特（Johann Gottlieb Fichte，1762—1814）：德国哲学家，唯心主义哲学的奠基人之一。

2　《妄语导论》是布勒东出版于 1927 年的一部著作，思考了诗歌的价值问题。

何预防这些失常。

好的，现在我们说到 1918 年了，战争也快要结束了。在诗歌层面，是否出现了一些缓和、复苏的迹象呢？

巴黎在重回正轨。每周三下午六点左右，在花神咖啡馆的露天座位上，阿波利奈尔总是套着他的天蓝色制服，眼珠不安地抵着保护他太阳穴的皮罩，他在餐桌间游走，给朋友们带去所需之物，而他的朋友们则聚成极为分散的团体，甚至彼此公然仇视。《北—南》杂志[1] 开始发行已有一年了，这份薄薄的却不乏历史意义的杂志仍以立体主义美学为导向（阿波利奈尔、马克斯·雅各布[2]、布拉克[3] 都是其撰稿人），但也接纳年轻人（当时有苏波[4]、查拉[5]、阿拉贡[6] 和我），

1　《北—南》杂志是 1917 年 4 月由皮埃尔·勒韦尔迪创办的一份文学刊物。"北"和"南"分别代表巴黎的两大艺术家聚集地：北部的蒙马特与南部的蒙帕纳斯，是当时巴黎最先锋的刊物之一。布勒东曾在《北—南》杂志上发表过大量文章。

2　马克斯·雅各布（Max Jacob，1876—1944）：法国诗人，《北—南》杂志的重要撰稿人之一。

3　乔治·布拉克（Georges Braque，1882—1963）：法国画家，立体主义绘画的旗手之一。

4　菲利普·苏波（Philippe Soupault，1897—1990）：法国作家，深度参与过超现实主义运动，与布勒东合作撰写了第一个真正具有超现实主义性质的文本《磁场》。

5　特里斯唐·查拉（Tristan Tzara，1896—1963）：罗马尼亚裔法国诗人，1920 年从瑞士苏黎世移居巴黎，把达达主义带进了法国文坛，与布勒东既有合作又有冲突。

6　路易·阿拉贡（Louis Aragon，1897—1982）：法国诗人，超现实主义的发起者之一，布勒东的好友，二十世纪三十年代之后由于政治立场的对立与布勒东决裂。

尤其是经由杂志主编皮埃尔·勒韦尔迪[1]签署，推出了诗歌创作方面的若干原则和持久主线。但一些阴沉的场景即将上演：几个月后，阿波利奈尔和瓦谢都将撒手人寰；由于他们的离世，以及这样的离世在感性层面在我们中的某些人身上引发的种种后果，一场重组势在必行。

那么我们第三次广播会来谈谈您所面临的这些新要求。

1　皮埃尔·勒韦尔迪（Pierre Reverdy，1889—1960）：法国诗人。1917年布勒东经阿波利奈尔介绍与勒韦尔迪相识，二人之间进行过许多文学方面的交流。

……洛特雷阿蒙伯爵[1]泛着幽光的耀眼形象。在今天的某些诗人眼中,《马尔多罗之歌》和《诗》闪耀着无与伦比的光芒;它们表达了一种全面的启示,看似超越了人类的可能性。整个现代生活,在其特殊之处,一下子得以升华。其布景在照亮天蓝色地板的古老太阳的撑架上滑动;银喙的灯,长着羽翼,露着笑容,掠过塞纳河;空间的绿膜和维维恩街的商店,饱受大地中心的晶状辐射折磨。一只绝对贞洁的眼,窥伺着世界的科学改善,却无视其刻意功利的特点,将它和其余一切置于启示录的光线中。《最后的启示录》:在这部作品里,巨大的本能冲动在与石棉鸟笼的接触中迷失又激奋,鸟笼中关着一颗加温到白热状态的心。数个世纪内,所有会被最大胆地加以构想并实施的东西,已在其魔力法则中提前找到了属于它的表达。

(《黑色幽默文选》[2])

1　洛特雷阿蒙伯爵(Comte de Lautréamont,1846—1870):法国诗人,出生于乌拉圭,原名伊西多尔·吕西安·杜卡斯(Isidore Lucien Ducasse),著有《马尔多罗之歌》与《诗》,生前默默无闻,去世近五十年后,其作品被超现实主义者重新发现并发表,被他们视为先知,影响极大。

2　《黑色幽默文选》是布勒东编纂的一部文选,出版于1940年,包含四十五位作家的作品。布勒东为入选的每一位作家都撰写了一段引言。

三

布勒东遇见苏波和阿拉贡（"三个火枪手"[1]）——
柯罗街的皮埃尔·勒韦尔迪——与伯爵[2]缔约——
瓦谢之死——《文学》[3]杂志

这第三次广播所要回忆的时期，属于第一次世界大战结束前的短短几个月。《文学》杂志的创办将是话题的焦点，还有您同当时一起参加活动的朋友们之间的关系……

我与苏波和阿拉贡最初的相遇，已经埋下了活动的导火线：从 1919 年 3 月起，便开始在《文学》杂志中进行初步侦查，很快便在"达达"[4]中爆炸，然后不得不彻底重装弹

---

1 《三个火枪手》是法国作家大仲马 1844 年出版的一部著名通俗小说，描写了三位互相扶持、互相激励的经典人物形象。由于布勒东、阿拉贡和苏波之间也具有相似的关系，因此瓦莱里把他们三人称作"三个火枪手"。

2 指洛特雷阿蒙。

3 《文学》杂志是布勒东、苏波及阿拉贡 1919 年 3 月创办的一本超现实主义杂志。1919 年至 1921 年出版了 20 期，1922 年至 1924 年出版了 13 期，是当时超现实主义团体的重要文学阵地。

4 "达达"是二十世纪初的一个欧洲先锋艺术运动，反对理性、逻辑，反对现代资本主义社会，无视现有的艺术标准，强调作品对观众的"侵犯"。1916 年诞生于瑞士苏黎世，布勒东在 1919 年接触到了达达主义的思想，致信其创始人之一查拉，将其请到了巴黎。

药，以导向超现实主义。

您同菲利普·苏波的友谊是如何建立的？

我通过阿波利奈尔认识了菲利普·苏波（我们各自对阿波利奈尔有选择的欣赏是我们亲近的基础）；不久之后，我在奥岱翁街阿德里安娜·莫尼耶[1]的书店"书友之家"遇见了路易·阿拉贡；从书店出来后，我们一起回圣恩谷[2]，当时我们俩都在那里服兵役，轮流上军事医学课程。

回想起来，一战结束时，新生一代里对诗歌及其相关问题怀有极大兴趣的人简直屈指可数。二战结束的标志是出现了太多杂志和小册子，在诗歌及其他领域酿成了更加混乱的状况，但这样的现象在一战后并没有出现。在苏波、阿拉贡和我之间，建立了无比活跃的交流，因为参与的领域完全开放自由，而且，虽然我们毅然踏上了共同的道路，但我们出发时的决心截然不同。我们都把心中最有意义、最珍贵的东西袒露在彼此面前。

1　阿德里安娜·莫尼耶（Adrienne Monnier，1892—1955）：法国书商，1915 年在巴黎市中心奥岱翁街开设"书友之家"，是法国最早开设书店的女性之一，在二十世纪二十年代的巴黎文学圈子里具有重要地位。

2　圣恩谷（Val-de-Grâce）是位于巴黎五区的一所军医院，布勒东和阿拉贡曾在其中工作。

您能否突出一下苏波在您这个小团体中的独特贡献？

苏波的贡献在于一种敏锐的现代感（感知当时在我们之间被我们称为"现代"的东西，虽然我们并不掩饰这个概念本身的变化无常）；不过那是在我们所理解的意义上，例如，阿波利奈尔在《克里斯蒂娜街星期一》[1]和《被杀害的诗人》的许多篇章里达到了"现代"的顶点；但在《荣誉之歌》[2]这样的晚期诗作中，我们至少可以说，他不再"现代"了。纪德，在创造《梵蒂冈地窖》中拉夫卡迪奥这个形象时，甚至在《帕吕德》或《未被缚紧的普罗米修斯》[3]的某些态度里也是"现代"的，尽管程度略低。总而言之，它关乎一种全面的解放，不仅是思维模式，还包括既有的表达，目的是对感受和言说方式进行必要的提升，使其变得特别新颖，而根据定义，对这些新方式的寻觅就意味着最大限度的冒险。苏波把各种令人羡慕的天生才干带入进来；尤其是，

1　《克里斯蒂娜街星期一》是阿波利奈尔创作于1913年的一首诗作，内容模仿了路人的谈话，再现了现代城市生活，之后收入诗集《图画诗》。

2　《荣誉之歌》是阿波利奈尔1915年创作的一套组诗，以传统韵诗格式谈论了诗歌、诗人及诗篇的价值，风格与内容都较为古典。

3　《帕吕德》是纪德出版于1895年的一部小说，主角是一位作家，正在撰写一部题为《帕吕德》的作品，但他笔下的故事与他自己的生活经历完全背道而驰。纪德以此对文学界进行了嘲讽。《未被缚紧的普罗米修斯》是纪德出版于1899年的一部作品，描述了普罗米修斯挣脱锁链来到巴黎的故事，内容荒诞。

他似乎摆脱了"诗歌中的陈年旧货"[1]，而这一点，即便是兰波，也曾亲口承认自己从未成功消灭。在当时，苏波也许是唯一一位写诗一蹴而就、不做任何修改的人（我相信阿波利奈尔也这样努力过，但间歇期很长）。无论在哪里，比如在咖啡馆，每当有人说"服务员，拿纸笔来"，他都能应邀写下一首诗。诗作结束于最初的外部干扰，我想说：它像猫一样以爪着地[2]。这样的方法，或者说缺少方法，产生了相当多变的趣味，但从自由和新鲜的角度看，起码始终有其价值。我想到了他的这首诗，后来被收入了《罗盘玫瑰》[3]：

周　　日

飞机编织电报线

泉水唱着同样的歌

在马车夫的聚会中开胃酒是橙色的

但火车司机瞪着白眼

贵妇在林间丢了笑容

1　语出兰波《地狱一季》。

2　"像猫一样以爪着地"是法国谚语，意思是巧妙地摆脱困境。

3　《罗盘玫瑰》是苏波出版于 1920 年的一部诗集。

您能否向我们描述一下苏波，这一时期的苏波？

他就像他的诗歌一样，极其精巧，空幻遥远，可爱又轻快。在日常生活中，没法长时间留住他。他喜欢一切旅行者，不做太多辨别，包括兰波，瓦勒里·拉尔博[1]，或许很大一部分原因是《巴纳布斯》这个书名，以及写《西伯利亚大铁路》的桑德拉尔[2]，他私下认识桑德拉尔，后者又让他发现了阿尔蒂尔·克拉文[3]。虽然他被英国文学深深吸引，但读过的书并不多。在阅读领域，他似乎更热衷于小说而非诗歌，尽管他那部《歌集》发出了无比新颖的声音，回想起来，如今我仍旧怀疑它是不是受到了爱德华·李尔[4]《胡诌》的巨大影响。

阿拉贡想必和苏波形成了一种独特的对照吧……

1　瓦勒里·拉尔博（Valery Larbaud，1881—1957）：法国作家。《巴纳布斯》是他发表于 1913 年的一部小说。小说主人公巴纳布斯环游欧洲，探索自己的身份之谜。

2　布莱斯·桑德拉尔（Blaise Cendrars，1887—1961）：瑞士作家。1913 年出版《西伯利亚大铁路与法国的小让娜》，描写了沿西伯利亚大铁路一线的欧亚旅行见闻。

3　阿尔蒂尔·克拉文（Arthur Cravan，1887—1918）：瑞士诗人、艺术评论家，总是以挑衅者的姿态面对艺术与文学。1918 年在墨西哥遭遇海难失踪。

4　爱德华·李尔（Edward Lear，1812—1888）：英国艺术家。1846 年出版打油诗集《胡诌》。

阿拉贡拥有完全不同的性格和教育。我们初次相遇时，他就把维庸[1]置于现代诗人之上，而在同代人里，他又认为，写《烧酒集》的阿波利奈尔远不如写《颂歌与祷告》的于勒·罗曼[2]。可以想象，这在苏波和我看来构成了怎样的异端，但那也是阿德里安娜·莫尼耶身边流行的一种观点，她尽其所能地鼓励这样的观点，而阿拉贡是她书店的常客。他拥有在那里发光所需要的全部才能。

我想听听您对阿德里安娜·莫尼耶及其书店"书友之家"的评价。

阿德里安娜·莫尼耶懂得如何把她的书店变成那个时代最具吸引力的思想中心。她能把美妙的种子引入讨论，她把机会给了年轻人，甚至给了迎合其口味的动人女性：在她的游戏里，她不缺王牌。那个时代最引人注目的人物迟早会在"书友之家"亮相，包括法尔格[3]、勒韦尔迪、拉尔博、萨蒂[4]。

1　弗朗索瓦·维庸（François Villon，1431—1463）：中世纪最知名的法国诗人。

2　于勒·罗曼（Jules Romain，1885—1972）：法国作家。《颂歌与祷告》是他出版于 1913 年的一部诗集。

3　莱昂-保罗·法尔格（Léon-Paul Fargue，1876—1947）：法国诗人，参与过象征主义运动，反对超现实主义。

4　埃里克·萨蒂（Erik Satie，1866—1925）：法国作曲家。

我带着瓦莱里和阿波利奈尔找到了去那儿的路，并且确保他们不再迷路。关于瓦莱里，保罗·莱奥托[1]曾经说过，他的全部声名及其前所未有的官方成就都是从那里开始的，这个说法不算太夸张。

　　当时阿拉贡已经是那种迷人而且别出心裁的人才了吗，就像《巴黎乡巴佬》[2]将要显露的那样？

　　他本人就是那样。在品位层面，他曾与苏波还有我有所对立，但他迅速做出了取舍。我记得他是一位出色的散步伙伴。我与他一起走过巴黎各处，哪怕最平淡无奇之地，都因一种充满魔力的浪漫虚构而增色了几分，这样的虚构从不短缺，它会在街道拐弯处或玻璃橱窗前迸发出来。甚至在《巴黎乡巴佬》之前，一本像《阿尼塞》[3]那样的书便已经让人窥见这些财富。从未有人比他更老练地探测一切形式的异常现象；也从未有人喜欢如此陶醉地幻想一种隐秘的城市生活（我想只有他会向于勒·罗曼透露这样一个玄奇的故事：巴黎有 365 间秘密相连的公寓，结果这被罗曼写进了《沃尔

1　保罗·莱奥托（Paul Léautaud，1872—1956）：法国作家。

2　《巴黎乡巴佬》是阿拉贡出版于 1926 年的一部超现实主义小说，主人公在巴黎各处漫游，讲述他的奇思与经历，融日常生活和奇妙幻想于一体。

3　《阿尼塞》是阿拉贡出版于 1921 年的一部小说。

热反对基内特》[1]）。在这个意义上，阿拉贡令人惊异，对他自己来说也不例外。

从那时起，他真的无所不读。他强大的记忆力能让他回想起无数小说的情节，哪怕时隔久远。他的精神活性无可匹敌，这或许导致了其观点的极度松弛，以及，某种对暗示的感受能力。他对朋友极其热情，毫无保留地奉献自己。唯一的危险是他太渴望取悦别人了。他才华横溢……

某种程度上，他已是个反叛者了吗？

当时，他身上几乎没什么反叛。对颠覆的兴趣更多是卖弄，而事实上，他愉快地承受了强加给他的战争与职业方向（医生）：他在前线获得过战争十字勋章。他总能让自己比其他人多"攻克"一点"实习医生的难题"。

所以这还不是他后来将要经历的精神危机的潜伏期吗？

他身上的深刻危机，那会儿还毫无踪影……是的，它要到后来才产生，并且在我看来，是通过传染。

1　《沃尔热反对基内特》是罗曼创作于 1939 年的一部作品。

您自己呢？

啊！我已经漂流很久了：一个没有从如此凶残的灾祸中学到什么的世界，和它达成和解是不可能的。在这种情况下，为什么要把闲暇时间花在那些激不起我自身冲动的事情上呢？我到底在哪？也许我在期盼某种奇迹——只为我本人准备的奇迹——让我踏上一条仅属于我自己的道路。当我注视我此后的人生，我告诉自己，这样的奇迹已经发生，只是悄无声息罢了。别人唆使我去做的任何事情，我总认为是一场骗局，一个圈套。战时审查制度一直保持警惕：在我们当时所处的环境里，像齐美尔瓦尔德会议和昆塔尔会议[1]这样具有政治意味的事件几乎没有产生影响，而布尔什维克革命本身还远未得到实事求是的理解。那时候谁要是告诉我们，由于考虑这些事件含义的方式不同，我们之间会出现不和的酵素，我们当然会觉得完全不可信。如今被通称为"社会良知"的东西，当时在我们身上尚不存在。

我猜想，那段时间您还一直与瓦莱里和阿波利奈尔保

---

1 齐美尔瓦尔德会议是第二国际 1915 年在瑞士齐美尔瓦尔德举办的国际社会主义者会议，讨论无产阶级在一战中如何争取和平的问题。昆塔尔会议是 1916 年举办的第二次国际社会主义者会议，讨论了为结束战争而斗争以及如何追求和平的问题。列宁出席了两次会议并发言。

持着联系吧？

我依然去看望瓦莱里，不过自从我得知他在与《年轻的命运女神》中多少具有拉辛[1]风格的亚历山大诗体[2]搏斗时，热情就不如从前了。隐藏了这么久，就为了穿上这套戏服重新露面，真的值得吗？我说过，在我看来，一个十分苛刻的神话已经岌岌可危：伴随着《年轻的命运女神》，泰斯特先生被戏弄了，如同遭受了背叛。除了几处闪光之外，这首长诗（其作者称之为"习作"）在我看来乏善可陈。阿波利奈尔已经搬回到他位于圣日耳曼大街 202 号的小阁楼。在那里你得钻进一列列书架、一排排非洲和大洋洲的物神雕像，以及当时最具革命性的画作之中……仿佛扬帆驶向最冒险的精神远景：毕加索、基里科、拉里奥诺夫[3]……没有哪条道路比通向他书桌的那一条更加曲折了，他就坐在桌后，半个人在场半个人不在场，因为他不让谈话彻底停止，时不时在一张活页上记下几个词，而他的笔则插在一个镀着青铜的圣心形状的可怕墨水瓶里（他迷恋这类物品）。还有时，

1　让·拉辛（Jean Racine，1639—1699）：法国古典戏剧大师，文风优雅、洁净，对亚历山大诗体的运用炉火纯青。

2　亚历山大诗体是一种法国传统诗歌格律，每行十二音步，押韵关系严格。

3　米哈伊尔·拉里奥诺夫（Mikhail Larionov，1881—1964）：俄国先锋艺术家，抽象艺术的早期探索者。

他会递给我某部罕见的作品，比如一部萨德[1]的书或一卷《尼古拉先生》[2]，然后把我单独留在他房内几个小时。苏波和我，还有后来的阿拉贡，都宁愿依次去拜访他。更适合我们聚集的地方，是皮埃尔·勒韦尔迪那间几乎空荡荡的房间，他在那里接待我们，通常是星期天。他住在蒙马特高地的柯罗街，离柳林街仅几步之遥。关于那里笼罩的惊人"氛围"，没有什么比勒韦尔迪本人在《椭圆形天窗》开篇处的这段绝妙描述更加确切了："当时，煤炭变得像金条般稀缺珍贵，我在一间阁楼里写作；此时，雪从屋顶的裂缝往下落，变成了蓝色。"这样一种诉说方式没有丝毫丧失它在我眼中的魔力。它瞬间就把我带回到这词语魔法的中心，对我们来说，这就是勒韦尔迪施展的领域。在这条道路上，只有阿洛伊修斯·贝尔特朗[3]和兰波走过这么远。就我而言，我曾经爱过并且仍然喜爱——是的，出于爱——这样的诗作，它在那些为日常生活戴上光环的事物中，在飘浮于我们的印象与行动周围的那些感知和指示的光晕里，大刀阔斧地写成。他凿入内心仿佛出于偶然：他创造出的节奏似乎是其唯一的工具，

---

1 萨德侯爵（Marquis de Sade，1740—1814）：法国作家，由于其作品的色情内容长期遭到法国社会排斥，但得到了超现实主义者的大力推崇。

2 《尼古拉先生，或被揭示的人类心灵》是法国作家尼古拉·艾德姆·雷蒂夫（Nicolas Edme Restif，1734—1806）的自传性作品。

3 阿洛伊修斯·贝尔特朗（Aloysius Bertrand，1807—1841）：法国诗人，创作过散文诗《夜之珍宝》，最早的现代散文诗之一，在法国诗歌史中影响深远。

不过这种工具从不辜负他；他不可思议。勒韦尔迪比阿波利奈尔更像理论家：他甚至会是我们理想中的导师，如果他在讨论时少一分偏激，把更多的关注真正放到那些反对他的论证上，但这种偏激也的确构成了其魅力的一大部分。关于诗歌的深刻力量，没有人像他那样沉思过，并且能够让别人也加以深思。在他之后，没有什么比他论诗歌意象的命题更为重要。对于命运由来已久的忘恩负义，再没有人展示过比他更具典范的洒脱。

所以，您同勒韦尔迪就没有过一丝分歧吗？

喔，和他在一起从来不缺争辩的话题。不管怎样，我们觉得他有点太过沉浸于自己的世界，过分关注当时他身边和立体主义有关的诗歌表达。我们认为，我们预感到，其他不可忽视的潮流正在路上，势不可挡。而且，当时我们刚刚发现洛特雷阿蒙，他令我们三人心往神驰，我们的许多反对意见都受其启发。没有任何东西让我激动到这种程度，就连兰波也不行……直至今日，我仍完全无法冷静思考这闪电般的讯息，在我看来，它超出了人类的一切可能性。为了说明我们内心对此激动到了何种地步，只能回想苏波的这些话："不是由我，也不是由任何人（听见了吗，先生，谁想要我的证词？）来对伯爵先生进行评判。我们不评判洛特雷阿蒙先生。我们在他经过时认出他来并跪地致敬。我把我的生命献给任何一个能让我永远忘掉他的人。"如果这一宣言以条约形式出现,那么我会毫不犹豫地在上面签名。

勒韦尔迪未从那里经过,所以他无法了解《马尔多罗》让我们服从的命令是多么暴力。布洛瓦[1]、古尔蒙[2],以及之后的拉尔博[3],在经受这一独特讯息的磁化之后,怎能随意地把它摒弃为病态,没有被它进一步撼动呢?也许只有雅里除外……但雅里也只是影射而已。在我们看来,压根就没有什么天才可以与洛特雷阿蒙媲美。我们觉得,时代的一大征兆就在于属于他的时刻还未到来,尽管在我们眼里这已显而易见。

那么总体而言,在战争的最后几个月里,你们共同关注哪些问题?

很抱歉,我们在此进入了技术领域。这些问题倾向于

1　莱昂·布洛瓦(Léon Bloy,1846—1917):法国作家,对《马尔多罗之歌》持批判态度。

2　雷米·德·古尔蒙(Remy de Gourmont,1858—1915):法国象征派诗人。曾对《马尔多罗之歌》予以赞誉,但亦将洛特雷阿蒙称作"病态的天才""疯癫的天才"。

3　拉尔博于1914年在《方阵》杂志上发表了《伊西多尔·杜卡斯的诗》一文,观点与古尔蒙类似。

对诗歌中的抒情现象做出澄清。当时，我把"抒情"理解为，它用某种痉挛的方式来超越受控的词语表达。我相信，为了获得这样的超越，它只能从大量的情感汇集中产生，并且它反过来也是深刻情感的唯一生成器，不过，接收感应的情感彻底不同于引发感应的情感，这便是奥秘所在。这其中存在一种蜕变。对此，我所知的至高案例出自洛特雷阿蒙，在他那些关于"美得像"的滔滔排比中，最经常被人引用的一句便是："美得像一台缝纫机和一把雨伞在一座解剖台上的偶然相遇"，或是在《马尔多罗》第四支歌结尾，围绕追思"法尔梅的长发"而产生的记忆衰退[1]。在兰波那里，我觉得它在《虔敬》和《梦》中达到了顶峰。

您对这一主题的反思在当时找到表达的机会了吗？

表达，没有，但证实，是有的。大约在这一时期，阿波利奈尔在《法兰西信使》上发表了一篇相当长的宣言性文章，题为《新精神与诗人》。说实话，这篇文章只博得我们的部分赞同。他在文章中表明，在诗歌和艺术中"出人意料是巨大

---

[1] 《马尔多罗之歌》第四支歌结尾处写道："每天夜里，我展开翅膀进入我垂死的记忆，回想法尔梅……每天夜里。他那金色的头发，椭圆的脸庞，庄重的仪态依旧铭刻在我的想象中……不可磨灭，尤其是他那金色的头发。移开，移开这个像龟壳般光滑的秃头吧。"

的新动力"，并要求"一种无法想象的充裕的自由"，如果我们觉得他这么讲是对的，那么他强调要去和古典作家的"批评精神"及"责任感"重新结盟，这就让我们感到担心了。在我们看来，这种"批评精神"极其局限，而"责任感"亦不可靠，它终归是过时了，而且不管怎样，这都不在考虑的范围内。意图把争论定位在国家甚至民族主义层面（"法兰西，"阿波利奈尔说，"文明中一切秘密的持有者……"），这对我们来说更加难以容忍。而且我们不接受自己眼睁睁地看着艺术在科学面前受辱。我们尤其哀叹，如此设想出来的"新精神"竟然试图以外在的技巧（印刷术之类的）为基础：抒情的手段本身既未得到深化，也未得到更新……

但阿波利奈尔的伤势可能限制了他的勇气并缩小了他勘探的范围……再过几个月，这充满魔力的声音即将沉寂，由于命运的悖论，那会是在停战前夕[1]。这声音曾混合了术士西门和梅林[2]的声调，还有他曾经借给"被杀害的诗人"克罗尼亚芒塔尔[3]的，闻所未闻的嗓音。

1　阿波利奈尔死于1918年11月9日，1918年11月11日第一次世界大战停战。

2　术士西门是公元一世纪的宗教人物，与彼得发生过冲突，在《圣经》中有零星记载，阿波利奈尔在1910年出版的短篇小说集《异端创始人》中曾描写过关于术士西门的故事。梅林是亚瑟王传说中的魔法师，阿波利奈尔在《腐朽的魔法师》中重塑过这一人物。

3　克罗尼亚芒塔尔是阿波利奈尔在《被杀害的诗人》中塑造的主人公，死亡继而重生，充满梦幻色彩。

您跟我说过，还有可能听到这声音，对吗？

这儿有张唱片，在索邦大学的夏尔·布鲁诺[1]的指导下，记录了阿波利奈尔朗诵的四首诗。技术一般。这份资料的唯一重要价值，就是让人听到阿波利奈尔的声音。这是大诗人的嗓音，从阴影中传来：

为我打开这扇我边哭边敲的门
生活像尤里普斯海峡的水流一样多变[2]

也许有必要多听一会儿？

不，录音很令人遗憾。他曾对留声机抱有那么多期盼……言归正传。不到两个月，在苏波、阿拉贡与我共同建起的感性大厦上，就出现了新的裂痕。比之前更严重的是，这一次它是不发生在顶端，而是在这座大厦底部。大约在 1919 年 1 月 10 日，我们得知了雅克·瓦谢的死讯，

1　夏尔·布鲁诺（Charles Bruneau，1883—1969）：法国语言学家。在此布勒东记忆有误，协助阿波利奈尔录制音频的并非夏尔·布鲁诺，而是索邦大学的另一位语言学家费迪南·布吕诺（Ferdinand Brunot，1860—1938）。录音时间为1913 年 12 月 24 日。

2　语出阿波利奈尔《旅行者》，收录于《烧酒集》。

突如其来，像个意外，死因是他在南特的一家旅馆内服用了过量的鸦片。尽管阿拉贡与他有过一次通信，但只有我见过他，他对我们施展了一种无与伦比的诱惑。他的言谈举止是我们持续参照的对象。他的信就是神谕，而且这神谕的本义取之不尽。我至今依然认为，他掌握着一个巨大的秘密，既在揭露又要隐藏。对我们来说，他始终代表着"脱身"的至高力量（在最大限度上从一切虚伪的声明中脱身，从艺术中脱身："艺术即愚蠢"，尤其是从时下流行的"道德律"中脱身，它刚刚露出其全部嘴脸）。每一个有待实施的行动，由于愈发紧迫，似乎只有随着他才能开展：甚至，为了推进下去，我们只等他归来，因为和我们还有那些同龄人一样，他仍在参军。这足以说明他的离世无法弥补……终于！我们——我——到了生命力更加强盛的年纪……回过头来，我仍惊讶于自己这么快就恢复了镇静，因为 1919 年 3 月，我们三个（阿拉贡、布勒东、苏波）主编的刊物《文学》推出了第一期。瓦莱里建议用这个刊名，对他来说，这个名字本身已然充满矛盾性，因为魏尔伦[1]《诗艺》的最后一句就是："余下的一切皆文学。"从瓦莱里的观点，也就是智性的观点来看，他必定更赞成由这"余

1　保罗·魏尔伦（Paul Verlaine，1844—1896）：法国诗人，象征派的先驱之一。《诗艺》是他作于 1874 年的一首诗作，在诗中他论述了诗歌音乐性与色调的重要。

下的一切"组成的"文学"[1]，而不是魏尔伦想要拿来与之对抗的东西，但他也在窃笑，所以这个提议肯定少不了猫腻。就我们而言，既然我们采用了这个名字，我们就把它当成了反话，这种嘲弄精神已不再和魏尔伦有关。

《文学》杂志一开始表现如何？

喔，就像一份非常好的团体杂志！还能要求什么呢？象征主义的伟大幸存者纪德、瓦莱里、法尔格开辟了道路，围绕在阿波利奈尔身边的诗人紧随其后：萨尔蒙[2]、马克斯·雅各布、勒韦尔迪、桑德拉尔。不久，莫朗和吉罗杜[3]也加入了进来，然后是德里厄·拉罗歇尔[4]。他们与我们之间的传送带由让·波朗[5]提供，多亏了他，我不久后才

1 在魏尔伦笔下"余下的一切皆文学"的"文学"是贬义词，是诗歌之外需要摈弃的东西，是诗的对立面。

2 安德烈·萨尔蒙（André Salmon，1881—1969）：法国诗人，阿波利奈尔的好友，曾与他共同捍卫立体主义。

3 保罗·莫朗（Paul Morand，1888—1976）和伊波利特·让·吉罗杜（Hippolyte Jean Giraudoux，1882—1944）均为法国作家。

4 德里厄·拉罗歇尔（Drieu la Rochelle，1893—1945）：法国作家，阿拉贡之友，二十世纪二十年代初参与过达达主义运动，并在《文学》杂志中与布勒东有过一系列合作。

5 让·波朗（Jean Paulhan，1884—1968）：法国作家，从二十世纪二十年代开始出任当时最重要的文学刊物《新法兰西评论》主编，文坛地位举足轻重，曾协助过《文学》杂志的早期编纂工作。

认识了保罗·艾吕雅[1]。似乎每个人都得到了应有的尊重，而我们就这样一帆风顺：在最初的四期（1919 年 3 月至 6 月）里，刊物发表了伊西多尔·杜卡斯，即洛特雷阿蒙伯爵的《诗》，那是我从国家图书馆唯一一份为人所知的样本上抄录的，还有兰波的一篇十分重要的未发表作品——《珍妮-玛丽的手》……但用不了多久，各种断裂的杂音就会出现，那是"达达"的先兆。

如果您愿意的话，这会是我们下次谈话的主题。

---

1 保罗·艾吕雅（Paul Éluard, 1895—1952）：法国诗人。1919 年将自己的诗作寄给让·波朗，得到了后者的肯定，同时波朗向艾吕雅推荐了三位正在筹办《文学》杂志的年轻作家，艾吕雅因此与布勒东、阿拉贡、苏波结识，深度参与了超现实主义运动，后由于政治及美学理念不合与布勒东决裂。

用阿拉伯字母写下 365 的世界已经学会用一个两位数使之翻倍。

*

我手臂内侧，有一个不祥的记号，一个置我于险境的蓝色 M。

*

无法感到厌倦；这不利于爱抚，而很快我们就不在那里了。

*

圣父的威严意志在法国不超过 4 810 米[1] 的海拔高度。

*

在怒火的多重光辉之间，我看着一扇门砰然关上，仿佛一朵花的胸衣或者学生的橡皮。

*

忍不住让人端上一杯新饮料：比如推倒梧桐树。

（《磁场》[2]）

1　法国最高峰勃朗峰的高度。

2　《磁场》是布勒东与苏波合写的一部作品，1920 年出版，是第一部以"自动写作"方式完成的创作，被布勒东本人视为超现实主义的开山之作。

四

战后——自动写作 [1]:《磁场》——
查拉在巴黎——达达的演出活动

　　这第四期广播将要回顾您从 1919 年春到 1920 年年底
所经历的人生，也就是从最初几期《文学》杂志出版以及您
回归平民生活开始，直到与达达决裂的那个阶段。在 1919
年，您当时拥有怎样的精神状态和雄心壮志呢？

　　请注意，1919 年春夏之交，最初的六期《文学》刚刚
面世，我们还远未实现行动自由：我直到 9 月才复员，阿拉
贡还要再晚几个月。从战争让我们体验的那种生活，到等待
我们回归的平民生活，当时的掌权者对于二者之间的过渡表
现得颇为关切。这类预防措施绝非多余：从前线归来的士兵
们难免私下交流，事后回想起来很快就激起了愤怒的理由，

1　自动写作是布勒东推崇的一种不受意识、理性、逻辑控制的特殊创作方式，试
　图让人在无意识状态下"自动"地写作，以弗洛伊德的无意识理论为依据，后
　来在超现实主义团体中流行开来，在二十世纪二十年代得到了广泛实践，但在
　具体实践过程中存在诸多困难，比如如何彻底抑制意识、激发无意识，如何确
　保自动写作的真诚性等。

他们感到那么多人牺牲得毫无意义，要和后方好好"算算总账"。长期以来，大后方"死战到底"的著名思想竟然与一种肆无忌惮的唯利是图相辅相成，无数家庭破碎，未来平庸至极。军事胜利的陶醉没有奏效……

我们走出了战争，这无可否认，但我们没有走出当时所谓的"洗脑"：四年时间里，它把那些只求活命而且与其同胞和睦相处（鲜有例外）的人，变成了惊慌狂暴的怪物，不仅受到奴役，还任人宰杀。当然，有些可怜人开始把怒火投向那些满口道理劝他们上前线的家伙。没人可以阻止他们在一定规模的公开交流中对比各自的经历，比较一些曾经遭到查禁的特殊信息，也没有办法阻止他们去发现战争的破坏程度以及战争导致的无限消沉。当这样的消沉心态试图振作起来时，严酷的镇压便随之而来。你可以想象，他们当时的状况并不好。

不过，普遍的态度并不是反抗，倒不如说是冷漠，至少我们回想起来似乎感觉是这样……

他们中的大多数人确实很快就选好了阵营。他们渐渐聚集起来组成了各种协会，这类机构很快就能对他们的躁动加以疏导，而且，甚至当他们的利益有可能出现分歧时，他们也怀着"老兵"的品格，不放弃一丝团结，情感方面的团结（现在看来，这不乏幽默）。至于我刚才提到的那些当权者，他们在战争期间极其不受待见，却毫不费力地维持着他们的地位，面对眼下随时可能蔓延的内部反抗，甚至冒险举办了一出阴沉的苦难典礼，以此作为解决问题的出路。结果就是这些死者纪念碑连续不断地落成（它们存在到今天，就像证明一个破坏艺术的时代存在过），以及巴黎星形广场的"无名战士"崇拜[1]……至于我自己，我摆脱了军队的桎梏，决心避开一切新的约束。放马过来吧……

您当时对未来有什么想法？

我对未来没有任何想法。今天的我很难去回想当时的精神状态。我连着几个小时，在旅馆房间的桌边绕圈，在巴黎漫无目的地走动，在夏特莱广场的长椅上独自过夜。我不觉得自己在追求什么理念或解决办法：不，我沦为一种得过且过的宿命论的俘虏，翻译过来其实就是惬意地"随波逐流"。它源于一种近乎完全的冷漠，只将我仅有的朋友们排除在外，他们以某种方式分担了与我一样的苦恼，那无疑是一种新的苦恼，虽然并不好描述。

1　巴黎星形广场的凯旋门门拱下方，留有 1920 年 11 月 11 日建立的一座无名战士墓，上书"此地安息着一位为国捐躯的法国军人，1914—1918"，代表了一战阵亡的一百五十万法军将士，墓前有长明灯，并定期举办纪念仪式。

不过您当时好像采取了某些解决措施，至少是在《文学》杂志的定位方面？

没错。我很快就意识到，《文学》杂志最初几期的定位已不再适宜。如果杂志中的各个成员彼此之间毫不相干，那么把他们凑在一起，虽然满足了杂志的品质，但试着对这些成员进行不可能完成的综合还有什么意义呢？必须对杂志的这种"文选"面向加以抵制。

在这条愈发显得特意为我们预备的道路上，阿拉贡、苏波和我不再受制于我们自己的能力。这期间，我们遇到了保罗·艾吕雅，而我也在不久之后开始与特里斯唐·查拉通信。

艾吕雅是怎么被人引来与你们亲近起来的？

艾吕雅在成为我们的伙伴之前，是让·波朗的朋友，他们长期怀有共同关注的问题；波朗致力于在诗学领域进行语言层面的精深辩驳。波朗的言论及其言下之意，还有他善于透露的内心想法，当时都和我们十分接近。他极度的分寸感、悄无声息的干预方式、看待事物独到的敏锐眼光，既吸引着我，也吸引着艾吕雅。此外，还有其他方面的意气相投促成了他和我们的共同事业。

在遇到查拉之前，您对他了解多少？

当时查拉仍在苏黎世，那里被他搞得满城风雨。在之前几年，所谓的"达达"活动对我来说依然相当模糊。我在阿波利奈尔家里发现了头两期《达达》[1]杂志，阿波利奈尔看待它们的眼光十分不善，怀疑其中某些编纂者未曾遵守本国军事当局的规定，甚至害怕从邮局收到这样一份出版物会连累到他……

这几份刊物仍然保留着某种战前的探索倾向（立体主义、未来主义），尽管它们也流露出一种强烈的否定精神，同时还有一种极端主义的立场。但只有1919年年初传到巴黎的《达达3》引起了轰动。其开篇的《1918年达达宣言》由查拉撰写，内容极具爆炸性。它宣告艺术与逻辑的决裂，声称必须"完成一项巨大的否定工作"，极力推崇自发性。我觉得，相比于宣言内容，更重要的是从中释放出来的东西，既洒脱又焦躁，既挑衅又淡漠，当然还有诗意。不久之后，查拉说道："我不以写作为业，我没有文学抱负。我要成为一名冒险家，风度翩翩，举止优雅，只要我有体能和神经耐力去实现这唯一的壮举——不知厌倦。"正是这样的语

1　《达达》是查拉主编的一份先锋刊物，1917年7月创刊，共出版8期，前5期在瑞士苏黎世出版，后3期在巴黎出版。1918年12月出版的第3期《达达》中刊登了查拉的《1918年达达宣言》，影响巨大。

调，让当时的我对他产生了如此强烈的兴趣。

　　查拉的这句话可以由瓦谢来署名……

　　这样的态度显然让他很像雅克·瓦谢，所以我会把自己寄托在瓦谢身上的大部分信任和希望转移到他身上。《文学》杂志的定位也将发生重大改变。

　　不过，就在这时，发生了一场声势浩大的运动，让来自世界各个角落的人才汇聚一堂，让此前各种独立定义的立场相互交锋，并不断呈现出彼此之间许多未曾察觉的连接点。《291》杂志[1]，然后是弗朗西斯·皮卡比亚[2]的《391》杂志，战时在美国创办，之后在巴黎继续发行，它们让人注意到阿尔蒂尔·克拉文的活动，那位"诗人兼拳击手"自称是奥斯卡·王尔德的侄子[3]，他曾在战争前夕创办的小刊物《此

1　《291》杂志是美国艺术家阿尔弗雷德·斯蒂格利茨（Alfred Stieglitz，1864—1946）1915年在纽约创办的艺术杂志，共出版12期，1916年停刊。皮卡比亚曾为该杂志撰稿。

2　弗朗西斯·皮卡比亚（Francis Picabia，1879—1953）：法国先锋艺术家，深度参与过达达运动。1917年在西班牙巴塞罗那创办了《391》杂志，内容极具颠覆性。刊名来自《291》，但内容并无关联。从第5期开始在纽约出版，第8期在苏黎世出版，之后在巴黎出版，直至1924年的第19期，之后停刊。

3　克拉文经常以拳击手自居，甚至号称自己是"欧洲冠军"，但在一次拳赛中被对方迅速击倒，他的对手认为克拉文并未受过专业的拳击训练。克拉文谎称自己是著名唯美主义作家王尔德的侄子，并且杜撰了一系列关于他和王尔德如何交往的文章，甚至得到过《纽约时报》的转载。

刻》[1]中流露出一种前所未有的放肆语气。后来,他在美国不断挑战社会常识与趣味,以此引人注目,身上洋溢着无穷无尽的青春活力。在此我无法细数他的种种壮举,我已在《黑色幽默文选》里予以概述。

这一时期,马塞尔·杜尚的角色在您看来不也极其重要吗?

是的。同样是通过皮卡比亚,我们得知了马塞尔·杜尚的消息,十分令人震惊的消息。他的演变最为独特:1911年至1913年,他在《正在下楼梯的裸女》和《国王和王后被一群飞快的裸女穿过》[2]等如今众所周知的画作中,对立体主义和未来主义做出了完全是原创性的贡献,然后他创作了一系列反传统的作品,在酒瓶架、雪铲、小便池[3]这样的"现成品"上签名,他坚信,经由其独一无二的"选择",这些物品被提升到了艺术品的高度。带着更恶毒的放肆,他

---

1 《此刻》是阿尔蒂尔·克拉文 1911 年至 1915 年间主编的一份刊物,以挑衅的姿态对当时的文学及艺术发起了攻击,赢得了皮卡比亚、杜尚、布勒东等人的钦佩。

2 1912 年杜尚创作了《正在下楼梯的裸女》和《国王和王后被一群飞快的裸女穿过》,其中对运动的描述导致了法国立体主义者的排斥,但在美国大获成功。

3 即 1914 年的《酒瓶架》、1915 年的《断臂之前》(雪铲)和 1916 年的《泉》(小便池)。

在《蒙娜丽莎》的彩色复制品上添了几笔胡子，然后签上了大名[1]。据说他多年来一直在玻璃上制作一幅大画《新娘被单身汉们扒光了，甚至》[2]，详情尚不清楚，但它全方位地通向奇异，通向未知。

皮卡比亚当时很活跃。您怎么看待他的诗歌、绘画及立场？

皮卡比亚当时为了结识查拉，从瑞士绕道回巴黎还没多久，他其实表现得极其"激愤"。在他的《391》杂志上，他向所有人投去锐利的矛头，还一直不忘给矛头洒上浓酸。除了明显把他征服的查拉，他不放过任何活人，唯有杜尚和乔治·里伯蒙-德塞涅[3]例外，杜尚当时对他影响巨大，而里伯蒙-德塞涅则赞同他的大部分观点。尽管当时我们觉得他的举止有点过激，动不动就会发作，但我自己仍旧欣赏他

1　即《L.H.O.O.Q.》，把这几个字母用法语连读出来的声音是"elle a chaud au cul"。意为"她屁股热"。表达了杜尚对于艺术史强烈的反讽情绪。

2　从1915年到1923年，杜尚沉潜八年时间制作了"大玻璃"，全名为《新娘被单身汉们扒光了，甚至》。这件作品是理解杜尚的关键线索之一，但只在美国进行过数量有限的展出，其间，由于运输不善导致玻璃碎裂，之后长期收藏于费城美术馆，在杜尚生前未在法国展出，因此导致布勒东对其中的细节不甚了解。

3　乔治·里伯蒙-德塞涅（Georges Ribemont-Dessaignes，1884—1974）：法国画家，深度参与过达达运动。

诗歌中肆无忌惮的自由（《52 面镜子》《殡仪馆运动员》）及其为冒险而冒险的爱好，这一点在他的造型艺术事业中表现得难以逾越（《美国少女乌德妮》《世间十分罕见的画作》《恋爱游行》以及其他许多作品）。

关于您自己和您朋友的这些详情，显然突显了您的革命意志及您的顾虑。这让我们更能理解您加入达达又与之决裂的原因。时间还在 1919 年，您对达达了解多少？

当时，我们对理查德·胡森贝克[1]在柏林推动的"达达运动"仍然所知甚少，但很快我们就在科隆，在马克斯·恩斯特[2]周围，认出了其光彩夺目的再度显现，这一次具有基石般的重要性。在马克斯·恩斯特的精神和查拉的精神之间，阿尔普[3]提供了连线，他曾与查拉一起在苏黎世度过战争岁月。阿尔普的素描和"木刻"也许在当时提供了最自由、最新颖的见解，他在那一时期用德语写作的诗歌也发出

---

1 理查德·胡森贝克（Richard Huelsenbeck，1892—1974）：德国作家。1916 年在瑞士苏黎世接触到了达达运动，1917 年 1 月将其带到了柏林。

2 马克斯·恩斯特（Max Ernst，1891—1976）：德国画家，1958 年加入法籍。达达及超现实主义的代表人物之一。1918 年复员后回到科隆，1919 年在当地成立达达小组，1921 年结识艾吕雅，之后开始与布勒东合作。

3 让·阿尔普（Jean Arp，1886—1966）：德国画家、诗人。1916 年与查拉一起参与过苏黎世的达达运动，之后与恩斯特一起建立了科隆的达达小组。

了最原创、最动人的声音。对我们来说，重要的是，在两个昔日为敌的国家中，涌现了相同的潮流。在我们看来，这就是其自身最好的辩护。

我重申一下，正是这些线索的汇聚导致我加入"达达运动"（苏波也接受了它，就像接受其他任何东西一样，不太看重；阿拉贡则犹豫了很久）。达达，就像《1918年宣言》中表述的那样，回应了当时的某种需要，历史地看，它的本质就是要把你所看到的那些来自各方的重大反对意见都捆绑起来，以便统摄全局。

从那时起，"达达精神"就对《文学》杂志的立场产生了影响吗？

尽管受到了"达达"精神的侵蚀，《文学》杂志仍保持着对其初心的相对忠实。排版技巧是《达达》和《391》的主要花招，在此则不起任何作用。成员之间的合作持续到了1920年2月，也就是第12期出版的日子，除了那些对新精神状态抱有敌意，至少是避之不及的人，包括瓦莱里、纪德或马克斯·雅各布、桑德拉尔、莫朗。如果有什么颠覆性尝试，那也一定是在一片不同于"达达"的领地上展开的：继洛特雷阿蒙的《诗》刊出之后，《文学》发表了雅克·瓦谢的《战争书简》；杂志以嘲弄的口吻，恳请《可耻的罗杰》的作者于勒·马里[1]回忆兰波；它还把文学界拖入一个尚未被人遗忘的陷阱，向作家们发布问卷调查"您为何写作"，并根据内容的平庸程度排序，刊录他们的回答，其中绝大多数都相当可悲。

但更重要的是，对此要一次性投入全部的注意，在1919年10月至12月的刊物上，《文学》发表了我和苏波署名的《磁场》前三章。这是第一部超现实主义（而绝非达达主义）作品，无可置疑，因为它是最早系统地运用自动写作的成果。这部作品早在几个月之前就完成了。有时我们会为自动写作的日常实践连续花上八个或十个小时，这使我们进行了广泛的观察，但它们只有到后来才协调起来并得出充分的结论。不过那时我们确实过得十分惬意，几乎沉醉于这一发现。我们的状况就像是刚刚挖出宝贵的矿脉。

所以，那些日后超现实主义会大规模运用的挖掘和萃取方法，您早在1919年便已经掌握了……

是的，前期论证极其重要，当时已经做完了。剩下的只是引出具体操作中包含的多重意蕴，包括心理和其他方面的。所以，把超现实主义视为一个从达达中诞生的运动，或

1　于勒·马里（Jules Mary，1851—1922）：法国小说家。《可耻的罗杰》是他1886年创作的一部小说，背景是普法战争。马里曾是兰波的中学同学。

者把它看成达达在建设性方面的矫正，这并不准确，也不符合时间顺序。其实，在《文学》杂志中，还有那些严格意义上的达达刊物里，超现实主义的文本和达达的文本形成了一种持续的交替。尽管之前我提及的种种必要性促使我们暂时把重点放在达达上，但达达和超现实主义——虽然后者还只是蓄势待发——只能通过彼此的关联加以设想，就像两道轮流覆盖对方的波浪。

那么，到了1920年年初，"达达活动"怎么样了？

在巴黎发展起来的达达活动，我想可以分成三个阶段：一个是剧烈骚动的阶段，就在查拉抵达巴黎后不久，由其直接指导，时间大概是1920年1月至8月，年底没有卷土重来；然后是更进一步摸索的阶段，始终追求相同的目标，但所用的方法已经彻底更新，尤其是在阿拉贡和我的推动下，我把这一阶段定位于1921年1月至8月；最后是一个动荡的阶段，想要回归最初表露的形式，但这种尝试很快就让最后的参与者感到失望，分歧不断增多，到了1922年8月，达达彻底熄火。

那么让我们按阶段回顾这场活动。您认为首先是什么？

第一个阶段（1920年头几个月），从外部回过头来看，可谓异彩纷呈。大批刊物涌现出来：查拉主编的《达达公报》《达达通讯》、皮卡比亚主编的《食人族》、艾吕雅主编的《箴言》，还有专门刊发《23份达达宣言》的第13期《文学》，以及其他许多不那么重要的杂志，它们都证实了该运动的活力。此外，我们不满足于写作，还进行过许多公演，因为继"《文学》杂志的第一个星期五"[1]在节庆宫举行（1月）后，独立艺术家沙龙[2]的活动（2月）和作品剧院[3]（3月）的演出，佳沃音乐厅的"艺术节"[4]（5月）也接连开展。乍看之下，好像达到了之前想要的效果：守旧派狼狈不堪，常识被抛在脑后，媒体火力全开。一切似乎都很顺利，但内部情形，至少对阿拉贡、苏波和我而言，却别有一番滋味。显然我们用腻了惊愕法，用腻了马尔多罗意义上"蠢化"法，但最主要是我们受够了苏黎世或其他地

1　"《文学》杂志的第一个星期五"是1920年1月23日在巴黎圣马丁街节庆宫举行的一场演出活动，活动分为两部分，首先由安德烈·萨尔蒙的演讲《变革危机》开场，谈论了自象征主义以来文学价值观的颠覆，下半场展示了皮卡比亚的画作《双重世界》，引发了观众的骚动。

2　独立艺术家沙龙设立于1884年，引领了二十世纪初的艺术潮流。1920年的独立艺术家沙龙以立体派的展品为主。1920年2月5日，布勒东和查拉则在展出地点大皇宫中组织了一场活动，谎称查理·卓别林会到场演讲，吸引来大批观众，继而由一批达达分子进行了理念宣讲。

3　1920年3月27日，皮卡比亚在巴黎作品剧院组织了一系列演出，内容包括布勒东与苏波合作的戏剧《拜托您》、查拉的《安替比林先生的第一次天堂历险》，以及布勒东朗诵皮卡比亚的《食人族宣言》等。

4　1920年5月26日，在巴黎的佳沃音乐厅举办了达达艺术节，上演了布勒东与苏波合作的戏剧《您会忘记我》。

方制定的无害挑衅。每一次达达的演出活动开始预备（当然是由乐此不疲的查拉来做），皮卡比亚就把我们聚到他家客厅里，并责令我们一个接一个地为表演出谋划策。结果，收获并不丰盛。特里斯唐·查拉的《安替比林先生的冒险》的第一次、第二次……或第 n 次演出不可避免地变成了主菜，而他参加表演的朋友们永远被套在纸制的大圆筒里（别无他法，这是他最钟爱的"点子"，苏黎世人想必看得目瞪口呆）。当然，我们中的大多数人还年轻，不会为这类活动缺乏前景而心感不安。比如，苏波和我在佳沃音乐厅自导自演的一出名为《您会忘记我》的短剧，就招致观众在幕间休息时匆忙找来的鸡蛋、西红柿和牛排的轰击，对此，我们甚为满意。公众对我们的看法，我们以百倍还之。这场艾那尼之战[1]，我们每个月扬扬得意地参与其中，却已在战术上如此迅速地落入俗套，我们便忍不住怀疑它自身是否还站得住脚。红背心很好，只要它后面跳动着阿洛伊修斯·贝尔特朗和热拉尔·德·奈瓦尔[2]的心脏，往里还有

1　艾那尼之战是法国文学中的一个著名典故。1830 年 2 月 25 日，维克多·雨果撰写的戏剧《艾那尼》在巴黎的法兰西大剧院上演，标志着浪漫主义戏剧正式登上舞台，是当时文学界古典派与现代派之间的一场决战。这场演出引发了古典派的强烈反应，在现场咆哮并投掷垃圾。雨果的支持者们则由浪漫派诗人泰奥菲尔·戈蒂耶率领，他身穿象征革命的红背心，带领"浪漫派军团"提前入场保证演出的正常进行。

2　热拉尔·德·奈瓦尔（Gérard de Nerval，1808—1955）：法国浪漫派诗人，艾那尼之战的参与者，"浪漫派军团"的成员，布勒东心中超现实主义的先驱之一。

诺瓦利斯[1]和荷尔德林[2]的心脏，再往里还有其他人的心脏就行。

所以您认为，当时你们发表的东西，严格意义上讲并非全都属于达达的"音符"吗？

"达达"的音符，就其特定性而言，排除超现实主义的渗入，几乎只由查拉、皮卡比亚和里伯蒙－德塞涅提供。杜尚的表现依然会被提及，但相隔甚远。阿尔普仍处于诗歌和造型艺术的限度之内。恩斯特无意在达达和超现实主义之间进行抉择：他同时往两个磨里注水。

这种不安已经在预示着您后来的反应，其根源就在于此吗？

我想是的。当时，我们中间有许多人都感到失望，这种失望之情源于查拉，并非我之前认为的那样：他是诗人，没错，状态好的时候甚至是伟大的诗人。但在巴黎，他身边

---

1 诺瓦利斯（Novalis，1772—1801）：德国浪漫派诗人，对法国浪漫派产生过积极影响。

2 弗里德里希·荷尔德林（Friedrich Hölderlin，1770—1843）：德国浪漫派诗人，二十世纪二十年代开始在法国得到译介，受到了超现实主义者们的追捧。

的喧嚣把他变成了瘾君子，给他注射了兴奋剂。我这么说并不是打算引发论战，仅限于转述我当时的感受。他自娱自乐，写点东西，故技重施，极尽所能地在一个迅速缩小的领域内，展现其个人魅力。《1918 年达达宣言》看似打开了所有大门，但我们发现，这些门通向了一条绕圈的走廊。

在您看来，是什么标志了达达运动演变过程中两个阶段之间的断裂呢？

我所区分的头两个阶段之间的断裂，其标志是我在 1920 年 8 月的《新法兰西评论》上发表的一篇题为《献给达达》的文章，对此，雅克·里维埃尔[1]用《感谢达达》予以了回应。后者的文章，尽管矜持，仍给了达达一记重击，因为它使得达达与主流文学的认可沾边了。

所以我们还需审视您同达达的决裂，它宣告了超现实主义运动的诞生，这是我们下期广播的主题。

---

1 雅克·里维埃尔（Jacques Rivière，1886—1925）：法国作家。从 1919 年开始担任当时法国文坛最重要的文学期刊《新法兰西评论》的主编，直至去世。1920年，布勒东进入《新法兰西评论》杂志社工作，里维埃尔成为其上级，二人就达达问题进行过多次探讨。

我想起马塞尔·杜尚曾向朋友们展示过一座鸟笼[1]，里头看不见什么鸟，却装了半笼子糖块，朋友们按他的要求提起笼子，惊讶地发现笼子竟如此沉重，他们以为的糖块其实是杜尚花了大力气按尺寸切成的大理石块。这个把戏，对我来说，堪比任何一个艺术把戏，甚至比得上几乎所有艺术把戏加在一起……

　　　　　　　　　　（《迷失的脚步》："1922 年 11 月 17 日
　　　　　　　　　　　　　　　巴塞罗那中学演讲"）

1　即杜尚 1921 年制作的《为什么不打喷嚏》。

五

达达的瓦解——巴雷斯审判——邦雅曼·佩雷[1]——在严格意义的超现实主义的门槛上

您在什么情况下同达达决裂的？

在上一次访谈中，您说 1920 年 8 月《新法兰西评论》上发表的一篇雅克·里维埃尔的文章，是即将不断扩大的裂痕的最初迹象……

是的，时任《新法兰西评论》主编的雅克·里维埃尔的这篇署名文章，对达达的活动投以善意的关注，它的发表，不难想象，起到了改变风向的作用。在此之前，达达得益于普遍的敌意，并尽其所能地维持那种敌意。对我们来说，就算它没有成为怒火的目标，成为持续嘲弄的目标，也令人无比兴奋了。舆论对我们的一致反对强化了我们对自身事业的价值感。

1　邦雅曼·佩雷（Benjamin Péret，1899—1959）：法国诗人，布勒东的好友，参与过达达运动与超现实主义运动。

其实，在之前的岁月里，那些舆论早已表明其奴性的程度，而招致这般地步的谴责足以让我们坚信，我们正处于正轨。总之，里维埃尔的研究，作为第一篇引起反响的文章，试着洞穿我们的集体意图。他至少承认，我们的功绩在于尝试他所谓的"绝对心理现实的实验"并视语言为"一种存在"而不只是"一个手段"，从而将其提升至另一高度。这份证词，以庄严节制的语调写下，一定程度上揭露了我们的宗旨，因此也有助于搁置并抛弃我们之前在出版物内部和达达演出活动期间用腻了的某些挑衅技巧和方法。

您为何说"用腻了"？

我说"用腻了"是因为，从那时起，我们中有不少人都对这些表达形式感到了实实在在的厌倦。在达达刊物上，（至少）泛滥着针对某些人的刻毒语句，充斥着由有限的词语玩笑引发的明显的沾沾自喜。如果说，一些演出的节目单模仿了音乐厅的节目单，为了让剧场座无虚席，预告了一些精挑细选的轰动性"节目"，那么在某些参与表演的人看来，其效果就再蹩脚不过。名副其实的公愤是我们从这桩事业中捞得的唯一好处，但就连这也越来越无法掩盖表演手段的贫乏，更别提它自始至终几乎没变过了。散布虚假信息：查理·卓别林加入了达达运动，他会在独立艺术家沙龙的达达活动中首次"真人"亮相；在佳沃音乐厅的艺术节期间，"达达们会在舞台上剃头"，等等。根本不需要别的东西来让公众怒不可遏。我说过每场节目设计起来多么辛苦，但执行则很糟糕，完全支离破碎。我说得头头是道，因为我也是当事人，节目好歹被确定下来，或者起码得到了我们的普遍赞成，我多半会尽自己所能让许下的承诺得到最低限度的遵守。只有查拉、皮卡比亚和里伯蒙-德塞涅（说到底只有他们才是真的"达达"）对于这样的境况感到开心，随遇而安，其他人都觉得内疚；那些赶集商贩临时木棚里的蹩脚计策，为了引诱公众必不可少，但很少令他们引以为荣。而剧院的租金不菲，我们多数人当时都很穷，入场票的定价，在座位全部卖完的情况下，才刚刚抵消开支……

　　我不知道听众们会做何感想……感谢您提供这些细节，不过很显然，当您让这些演出活动回归其真实的氛围，您也大大削减了它在我们眼中的影响，而我们可是靠传说活着的啊！

　　我很清楚，年轻人在用另一种眼光来回看达达的表演。一切使之迅速变得无趣沉闷的东西，年轻人都会从中剔除。他们，按道理讲，只想得到其中英勇的一面，得到由所谓的"达达"理念与1920年前后流行的普遍观念之间的分歧所形成的外在表述。这多半不是坏事，这类分歧也许亦不可避免地采用了一种耸人听闻的形式。我只想说，达达的刊物和演出，在查拉的授意下停滞不前。它们原地踏步，我想，这是因为他们都照着同一个模板打造，一个为苏黎世公众量身定制的模板，并且，我敢说，它在与公众的接触中被打磨光滑了。无论从内部还是外部看，它们都千篇一律，一成不变。

这是您做出的事后判断，还是您当时就有的印象？

也许是学医的缘故，阿拉贡和我对这种未老先衰的症状最为敏感。我们摈弃了那些达达活动并不是因为其总体的意图，而是我们受够了，甚至太够了，那些看似炫目实则新意全无的蠢话。我们想要的是对方法的彻底更新，通过截然不同的路径追寻同样的目标。从那时起，运动的同质性就受到了强有力的冲击。对此最好的证明莫过于 1921 年 3 月《文学》杂志发布的一份投票。通过介于负 25 与正 20 之间的"评分"系统，我们要给出自己对从古至今各色人物的尊重或轻视程度（负 25 当然表示极度厌恶，零分表示完全中立，正 20 则表示毫无保留的赞同）。当时我们经常在一家酒吧里聚会，这样一份投票便是我们某一次聚会的产物，酒吧位于歌剧院曾经的一条走廊中，阿拉贡在后来的《巴黎乡巴佬》里对那家酒吧有过描述。我们几个人在那里相聚，每周两到三次，往往通宵达旦，而大部分时间就是玩这类游戏，或者玩点别的。但回过头来，它也给我们准备了惊喜。请把杂志递给我。让我们瞧瞧……这是波德莱尔：阿拉贡17，布勒东18，艾吕雅12，苏波12，查拉负25。这是福煦元帅[1]：阿拉贡负20，布勒东负25，艾吕雅16，里伯蒙-德塞涅、苏波和查拉都是负25。这是黑格尔：阿拉贡10，布勒东15，艾吕雅6，查拉负25。这是列宁：阿拉贡13，布勒东12，艾吕雅负25，苏波负25，查拉负2。这是毕加索：阿拉贡19，布勒东15，艾吕雅负2，查拉3。这是兰波：阿拉贡、布勒东和艾吕雅都是18，查拉负1。这是萨德：阿拉贡17，布勒东19，艾吕雅15，苏波16，查拉负25。被查拉打了负25的还有陀思妥耶夫斯基、埃斯库罗斯、歌德、格列柯、荷马，以及马蒂斯、奈瓦尔、爱伦·坡、让-雅克·卢梭和亨利·卢梭。如此深刻的分歧怎能不孵化出水火不容的心境呢？

1921年3月的这期杂志标志着决裂的开端吗？

喔，纽带尚未松绑！达达演出的原则并未被抛弃。我

1　费迪南·福煦（Ferdinand Foch，1851—1929）：法国陆军元帅，战功卓著，一战后期曾出任协约国联军总司令。

们只是下定决心要以别样的方式开展。为此，我们准备在巴黎进行一系列游览，地点选择完全随机：穷人圣朱利安教堂 [1]、肖蒙山丘、圣拉扎尔火车站、乌尔克运河。我们还计划发起诉讼，引起一场公开审判。

事实上，这场新节目实施得浮皮潦草。我们确实在穷人圣朱利安教堂的花园里集合了，但不巧，天降大雨，而且，以刻意挑衅的语气高声喊出的言辞也显得徒劳无力。从剧院中走到室外，这还不足以同"达达"的老套模板决裂。

一个月后，搞了一场新的公开表演，是对莫里斯·巴雷斯的"诉讼和审判" [2]。要想看清其真实面貌，就需要彻底改变眼光。尽管，在公告和节目单上，主导规则的始终是"达达"，并且，在"审判"上演时，也对"达达"做了些许让步（一个人体模型取代了"巴雷斯"，而"法官"和"辩护人"被打扮得稀奇古怪），但这一创举在事实上脱离了"达达"。发起人其实是阿拉贡和我。演出所提的问题

---

1 穷人圣朱利安教堂是巴黎最古老的教堂之一，建于 13 世纪，位于巴黎左岸的第五区。

2 鉴于巴雷斯的保守立场，1921 年 5 月 13 日布勒东等人在巴黎对其发起了一场虚拟的审判，这次活动的全名为"达达对莫里斯·巴雷斯的诉讼和审判"。布勒东扮演法庭庭长，里贝蒙-德塞涅扮演原告，阿拉贡与苏波扮演辩护律师，佩雷扮演一位无名士兵，是被告的证人。最终巴雷斯以"危害精神安全罪"被判处强制劳动二十年。

总体上带有伦理性质，单个来看，无疑能吸引我们中的不少人，但达达，因其公然宣称的冷漠立场，与此毫无关系。问题是要弄清：一个受权力意志驱使的人，成为与青年作对的头号守旧派，他能在多大程度上被判定为有罪？补充问题是：《自由人》[1] 的作者怎么会成为《巴黎回声报》[2] 的喉舌？如果存在背叛，那么利害何在？上诉的手段是什么？撇开巴雷斯案不谈，这些问题也让超现实主义者们争论了很久。

您不妨细说一下这场表演在您与达达的关系中有过怎样的重要性。

庭审，总体而言，是在一个相当严肃的争辩层面上展开的，唯一不协调的音符发自查拉，他作为"证人"被传唤，坚持发表滑稽的言论，最后竟唱起一首愚蠢的歌。只需看看《文学》杂志的记载就能明白，在当时的情况下，那样的态度多么不受待见，导致他在我们中变得多么孤立。

尽管有这些内部纠葛，但我们持续壮大的团体已经吸纳了一些极为重要的新成员。在"巴雷斯审判"中扮演

1　《自由人》是巴雷斯出版于 1889 年的一部小说，歌颂了个体的独立性。

2　《巴黎回声报》是一份法国的日报，创建于 1884 年，立场保守，宣扬民族主义。

"无名士兵"这一棘手角色的邦雅曼·佩雷，成为我们所有人当中毫无拘束地投身于诗性冒险的人。当时他即将面世的文集，《横渡大西洋的旅客》[1]，已然见证了其全部的天赋：一种前所未有的表达自由。正如雨果废除了词语的"高贵"与"卑下"之别，佩雷也废除了对象的"高贵"与"卑下"之别。在我们组建的小圈子里，雅克·里戈[2]找到了其极致的黑色幽默掩盖下包罗万象的悖论的必要回响。我们还与马克斯·恩斯特达成了根本性的一致，基础就是他的那些"拼贴"，几天之前刚刚在巴黎举办了首次展览[3]。我们知道，拼贴手法在于把一些从不同整体，例如从摄影和版画中借用的造型元素并置起来，其目的在于，用马克斯·恩斯特的话说，实现"两个看似不可联结的现实在一个看似不适合它们的平面上的联结"。毫不夸张地说，马克斯·恩斯特早期的拼贴作品，蕴含着一种超凡的暗示能力，被我们当成一种启示接受了下来。

话说如此，1921 年假期，马克斯·恩斯特、查拉和我在蒂罗尔[4]的相聚似乎缓和了关系，但回到巴黎后不久，十

---

1 《横渡大西洋的旅客》是佩雷 1921 年出版的一部诗集。

2 雅克·里戈（Jacques Rigaud，1898—1929）：法国作家，参与过达达运动。

3 1921 年 5 月 2 日在巴黎举办了恩斯特的个展，展出了恩斯特的拼贴作品。布勒东为展览撰写了前言。

4 蒂罗尔是欧洲中部的一个地区，位于意大利与奥地利边境。

足的敌对又开始了。

决斗（如果可以这么说的话）是怎么进行的？

在后续几个月里，不和仍处于潜伏状态。皮卡比亚退出了达达，却并未收起他的毒舌。公开演出已被某些人当成习惯，自然留在了日程里，但哪怕在达达内部，鉴于他们使用的花招，也出现了或多或少公开的反对者。由此引发的混乱可不小。就我而言，我确信，达达若要找回几分活力，就必须抛弃它与日俱增的门户之见并再次融入更大的潮流，是时候与这种与外界隔绝的政策决裂了。为此，我提议召开一场"确定指令和捍卫现代精神的国际会议"，即"巴黎会议"。组委会被迅速召集起来，包括四位刊物主编或负责人：代表《新精神》的奥占方[1]，代表《新法兰西评论》的波朗，代表《奇遇》的维特拉克[2]和代表《文学》的我，还有两位画家，德劳内[3]和莱热[4]，以及

---

[1] 阿梅岱·奥占方（Amédée Ozenfant，1886—1966）：法国立体派画家。1920 年与瑞士建筑大师勒·柯布西耶共同创办了《新精神》杂志。

[2] 罗杰·维特拉克（Roger Vitrac，1899—1952）：法国作家，参与过超现实主义运动，1921 年创办《奇遇》杂志。

[3] 罗贝尔·德劳内（Robert Delaunay，1885—1941）：法国艺术家，最早创作纯抽象作品的画家之一。

[4] 约瑟夫·费尔南·莱热（Joseph Fernand Henri Léger，1881—1955）：法国画家，参与过立体主义运动。

一位音乐家，奥里克[1]。他们一起发表声明，同意着手让一系列新价值交锋，建立起现存各方势力之间的确切联系，尽可能明确其合力的本质。但论战很快爆发：查拉不可避免的阻挠和他拐弯抹角的手段让我手足无措，承认这一点并不困难。查拉正在全力阻挠这项计划，为了不提及他的名字，也为了不让他有机会施展无限拖延的伎俩，我在一份提醒人们注意其破坏行为的会议公告里，使用了一句不受欢迎的代用语："一个来自苏黎世的运动的倡导者。"不用说，他马上抓住这个把柄（在一个远超达达的范围内，其中有不少成员他之前一直装作看不起）指控我的"民粹主义"和"排外"。这下就入了他的局。从那时起，连着好几年，我都在回应这些无效指控，但我始终承认，我使用的那一表述很成问题，令人不快。巴黎会议未能举行。

但自此之后，达达似乎愈发一蹶不振了！

当然！"达达沙龙"即便在那些参与者心里也形同虚设，尤其是马塞尔·杜尚谢绝加入之后：组织者尤为看重杜尚，但后者只是从美国发来电报说"不行"。关于这一没落

1　乔治·奥里克（Georges Auric, 1899—1983）：法国作曲家。

阶段，我就不多说了。到了 1923 年春，已经病入膏肓两年多的达达终于行将就木。其最后的挣扎是 7 月的"气体心脏"晚会[1]。我们就不再重提其标志性的插曲了。严格意义上的超现实主义纪元已经开启。

难道没有必要回想一下"重生"阶段的几个事件吗？

是时候了结某些悔恨、某些情感方面的软弱了，《文学》杂志的全新系列[2]在我的独立主导下重新面世。苏波略显疏远。里伯蒙–德塞涅和查拉则袖手旁观。皮卡比亚回到了我们当中。阿拉贡、艾吕雅、恩斯特、佩雷和我构成了新的中坚，团结而稳固。从那时起，另一个活动核心也融入了进来，包括雅克·巴隆、勒内·克勒韦尔、罗贝尔·德斯诺斯、马克斯·莫里斯[3]和罗杰·维特拉克。相比之前的时期，我们并未损失任何能量，恰恰相反。和皮卡比亚一起旅行期

---

1 《气体心脏》是查拉 1921 年撰写的一部戏剧。1923 年 7 月 6 日，查拉在巴黎米歇尔剧院举办了一场晚会，把众多"达达、前达达、反达达人士"汇聚一堂。晚会上既有戏剧《气体心脏》的演出，也有一系列音乐与朗诵活动。在演出期间，布勒东和佩雷等人制造冲突，引起了混战。该事件被视为达达运动在巴黎落幕的标志。

2 1924 年 7 月之后，布勒东单独主编了最后 10 期《文学》杂志。

3 雅克·巴隆（Jacques Baron，1905—1986）、勒内·克勒韦尔（René Crevel）、罗贝尔·德斯诺斯（Robert Desnos，1900—1945）和马克斯·莫里斯（Max Morise，1900—1973）均为超现实主义诗人，二十世纪二十年代初与布勒东结识后进行过许多文学方面的合作。

间，我在巴塞罗那发表的一场演讲足以说明那一时期的氛围。演讲以"现代演化的特征及其体现"为题，收入了我的书《迷失的脚步》。

当时自动写作回潮，而大家的注意力都被吸引到了梦境上。我们当时关注的一切都成了每天的话题，而且在总体上，引出了一些十分活跃、十分真诚的讨论（分歧到后来才有）。我想可以这么说，在我们当中，观念的集体化已付诸实践，没有任何个人的保留空间。如果就像蒙内罗[1]在《现代诗歌与神圣之物》里说的那样，"团体中的成员只靠选定的纽带相互联系"，在这个意义上，超现实主义可以被称为"同盟"，那么我们也不得不指出，它最终就是这么汇聚起来的。没有人试图为自己保留什么，所有人都期盼彼此的馈赠开花结果，期盼我们相互之间分享的果实。事实上，当时没有什么比这更具成效了。今天，当我看到别的一些知名人物显得如此在意他们的自主权，公然坚持要把他们的小秘密带进坟墓，我就告诉自己，他们已经倒退了，而且就他们而言，不管他们怎么想，他们都没有如愿。

游戏同样在我们之间盛行：写作游戏，言语游戏，

---

1 于勒·蒙内罗（Jules Monnerot, 1909—1995）：法国作家。二十世纪三十年代与超现实主义团体过从甚密。1945 年出版《现代诗歌与神圣之物》一书，系统讨论了超现实主义的价值。

都由我们当场发明并加以试验。或许正是在这些游戏中，我们的自由不羁被不断地激发出来；至少它们维持了我们彼此依靠的幸福感。其先例只能到圣西门主义[1]者那里去追溯。

我："无畏的灵魂陷入无出路的国度，无泪的眼睛在那里睁开。无目的地前去，无怨气地服从。在那里无须转身就能看见背后。最终我注视无蔽的美，无尘的地，无背面的勋章。我不再违心地祈求一个无错的原谅。没有人能关上一扇无铰链的门。为何要在心的丛林里设下这些无害的陷阱？无面包的日子无疑不会那么久。"

（《妄语导论》）

六

实验活动——对"第二状态"[1]的系统勘探——罗贝尔·德斯诺斯的本领

为了给本期广播关心的事件铺垫氛围，布勒东先生，请您为我们细说一下，从达达结束到《超现实主义宣言》发表，您在那段时间是否已经产生了一些明确的展望呢？

明确还不至于。但当时我们一致认为，一场伟大的冒险即将启程。"抛下一切……踏上征途"：这是我在当时用来勉励自己的主题。兰波没有被人忘记，他的好友热尔曼·努沃[2]也没有被人忘记：我们知道他曾多么坚持不懈地流浪，直到他穿着乞丐的衣服，在艾克斯教堂门口停步之前。但到底要踏上哪一条征途呢？物质的征途，那不太可能；精神的

---

1 "第二状态"可以理解为人被催眠后的入梦状态，是由潜意识主导的精神状态，对立于意识、逻辑、理性主导的"第一状态"。

2 热尔曼·努沃（Germain Nouveau, 1851—1920）：法国象征派诗人，兰波的好友，曾于1874年陪同兰波前往伦敦。1891年之后患上了精神疾病，开始行乞和朝圣，直至1911年回到故乡，埃克斯附近的普利埃尔，最终死于斋戒。其人生与创作受到了布勒东和阿拉贡的高度推崇。

征途，也难以看清。不过，我们突然想到，可以把这两条征途结合起来。于是，阿拉贡、莫里斯、维特拉克和我大约在这一时期组成了闲逛四人组，我们在地图上随机挑中了一座城市布鲁瓦，决定从那里出发。我们约好随性漫步，边走边聊，除了吃饭睡觉所需，不许故意绕道。这项计划的执行显得十分奇特，甚至充满了危险。预计为期十天的旅行缩短了，一下子变成了一场秘密结社之旅。完全没有任何目标，这让我们很快脱离了现实，我们脚下冒出越来越多令人愈发不安的错觉。怒火伺机而动，阿拉贡和维特拉克甚至打了起来。总体来说，这次探险，不管范围多么狭小，绝不令人失望，因为它游走于人生的清醒与睡梦边缘，没有什么比这种做法更适合我们当时关注的风格了。

也就是符合您探索潜意识的渴望，对吧？

一点不错。而且也是时候让这些关注揭开其选中的领地了：属于诱眠或催眠的领地，我们连续数月每晚都在进行相关实验。虽然我之前当过巴宾斯基[1]的弟子，他是沙可[2]的

1　约瑟夫·巴宾斯基（Joseph Babinski, 1857—1932）：波兰裔法国神经科学家，在一战期间研究过士兵的神经科创伤，布勒东曾在他的指导下进行过相关研究工作。

2　让-马丁·沙可（Jean-Martin Charcot, 1825—1893）：法国神经科学家，被誉为"法国神经科学之父"，对催眠和歇斯底里进行过系统的研究。巴黎学派创始人。巴宾斯基的老师。

论文和所谓南锡学派[1]的头号论敌，但那时我自己仍对一部分以此类教学为导向或与之相关的心理分析文学抱有十分强烈的兴趣，尽管也是半信半疑；我尤其想到了迈尔斯[2]的精彩作品《人格》，想到了泰奥多尔·弗鲁努瓦[3]谈及灵媒埃莱娜·史密斯时引人入胜的报道，包括《从印度到火星》等，甚至想到了夏尔·里歇[4]《论心理玄学》的某些章节。得益于我对弗洛伊德[5]的热情敬仰（这份敬意日后我也并未舍弃），这一切都和我的其他观看方式联系并结合了起来。

1921年，弗洛伊德在维也纳接待了我，尽管我当时遗憾地献身于达达精神，在《文学》杂志上以贬低的口吻讲述了

1　南锡学派是在十九世纪末与巴黎学派齐名的两大法国神经科学学派之一，对催眠问题提出了系统性的理论看法，对于催眠的本质，与夏尔科领导的巴黎学派产生过尖锐的分歧和激烈的争论。

2　弗里德里克·威廉·亨利·迈尔斯（Frederic William Henry Myers，1843—1901）：英国心理学家，对"潜意识自我"进行过细致的探索，但没有被当时的学界接受。在他去世之后，《人格及其肉体死亡后的延续》一书出版，收录了他关于潜意识的系统论述，对超现实主义产生了根本性的影响。

3　泰奥多尔·弗鲁努瓦（Théodore Flournoy，1854—1920）：瑞士心理学家，对通灵术进行过细致的分析，为此他专门接触了一位名叫埃莱娜·史密斯（Hélène Smith，1861—1929）的三十岁女性，后者身心健康，在当地以通灵闻名，能够在恍惚状态中传达超自然的信息。弗鲁努瓦与其相处了五年，记录她的言行，最终写成了《从印度到火星》，于1900年出版，大获成功。

4　夏尔·里歇（Charles Richet，1850—1935）：法国心理学家，对第六感、催眠及通灵问题进行过深入研究，并创造了学术术语"心理玄学"，用来表示一系列超自然心理现象。1922年出版《论心理玄学》。

5　西格蒙德·弗洛伊德（Sigmund Freud，1856—1939）：奥地利心理学家、精神分析学创始人。弗洛伊德的精神分析理论引起了布勒东的高度关注，后者曾专门赶赴维也纳拜访弗洛伊德，但二人的见面交流并不顺畅。

那次拜访[1]，但他很大方，并没有因此对我怀恨在心，仍与我保持着通信。

这些"睡眠实验"，虽然早于《第一宣言》[2]的发表，却是超现实主义运动史中不可或缺的组成部分。《宣言》的理论主张既依赖于这些实验，也取决于对自动写作愈发广泛的运用所催生的种种思辨，没有任何其他支撑基础。

不过，在当时，《宣言》的意义不是没有被人立刻接受吗？

是的，也就是说……总之，报刊批评家再次唱起他们钟爱的老调："少发宣言，多写作品"，徒劳地装作只是从中看出一个新文学流派的诞生通告，但无论如何，都无法阻止这份宣言产生完全不一样的意义与完全不一样的影响。因为这份宣言认可了一种观看与感知方式，这一方式在之前几年中通过各类指令得以显露、反思、明确和表达。当 1924 年《宣言》问世时，在它背后足足进行了长达五年的实验活动，这些活动曾经吸引过数量可观的各色人物参与其中。

1　布勒东在 1922 年 3 月 1 日出版的《文学》杂志中描述了他对弗洛伊德的拜访，把后者描述成了一个爱慕虚荣、报复心重的人物。

2　指 1924 年发表的《超现实主义宣言》，为了与 1930 年发表的《超现实主义第二宣言》区分，也称作"超现实主义第一宣言"。

《超现实主义宣言》无疑可以被视为精神演化过程中的一份里程碑式文件。有意思的是，自它发表以来，产生的反响很少表明它的重要性。它所引发的各种批评往往并不瞄准其关注的核心，回过头来看，这些批评就像是一堆想要成为投枪的火柴……

不得不说，这两块探索领域，自动写作和催眠，即便是回过头来看，也难以区分；一旦我们着手确定其界限，就会出现一片飘忽不定的边缘区域。因为这是一些游移不定的地带，我们永远都不知自己是否在上面完全站稳了。不可否认，若干文献保存完好，比如自动写作文本的最初笔记以及催眠的原始笔录：我们今天还能拿来参考。它们为一段旅程设立了路标，但这条路线在任何地图上都不可能被重新勾画出来；不论是谁，若非亲自踏足这条道路摸索一番，都难有几分想象它的把握。这多半是一条神秘的道路，如果想要用理性的方式来谈论它，就目前来看，纯属徒劳。它涉及一场寻觅的系统性复兴，在十九世纪，从德国的诺瓦利斯与荷尔德林、英国的布莱克与柯勒律治、法国的奈瓦尔与波德莱尔开始，这场寻觅已经超越了其他所有的诗学成见，并且，也许是跟随马拉美，肯定是由于洛特雷阿蒙和兰波，它必然具备了一种真正包容的性质。在这方面，激情尚未停止释放。我刚刚提到的这些诗人的抱负，从那时起便被称为普罗米修斯式的抱负，命中注定要去撞开神秘之门，不顾一切禁忌，毅然踏上未知的领域，这必然会严重触怒所有那些躲在现存的堡垒后面安逸固守的人，而且我们知道，这样的人为数众多。如今他们的怒火有增无减，因为他们无法阻挡思想史，因为在这方面，就像其他所有方面一样，开倒车绝无可能。一个多世纪以来，诗歌活动先是受到指引，然后真正趋向精神本原力量的恢复，没有任何东西能让它心甘情愿地重返次要的附属行列。

说到这里，您能否分析一下，是什么样的追求和观念决定了您和您的朋友们对潜意识领域的探究呢？

首先，必须意识到，不管是自动写作的实践，还是对诱眠表现的考察，其主导方法是一致的。在这两件事情中，所触及和探索的，无非是我们所谓的第二状态。你问我，我们对这一状态表露出的偏好从何而来。很简单。我们对其热切痴迷，因为它让我们有可能逃离压在我们受到监控的思想上的种种限制。其中最沉重的一个限制，便是屈从于直接的感官知觉，它在很大程度上，使精神成为外部世界的玩物（我的意思是，在形成观念的正常条件下，我们只是部分地摆脱了落到我们眼前、传到我们耳中的东西），而从中产生的印象，由于其寄生性，必定会歪曲形成观念的进程。我们亟须摆脱的另一个同样严格的限制，是评判精神施加于语言的限制，一般而言，就是施加于各种各样表达模式的限制。我们觉得，我个人也这么认为，如果想让这些表达模式摆脱愈发危险的僵化，如果人类言语想要返璞归真，找回原始的创造功能，那么剪断这些阻止其重新跳跃的绊绳就势在必行。

但我们知道，您的抱负并不属于诗学范畴。所以您想要击碎的这些枷锁、束缚您行动的这些限制到底是什么呢？

这些枷锁属于逻辑的范畴（最狭隘的理性主义始终注意不让任何未经其盖章批准的东西通过），道德的范畴（以性禁忌和社会禁忌的形式呈现），以及品位的范畴，最后这一点受"举止合宜"的诡辩习俗支配，或许是最坏的枷锁。这种所谓的评判意识，不管怎样，都像别的东西一样由我们继承下来，而我们发觉，它在这个时代的角色，一定程度上抑制了所有的知性思辨。我们拒绝把它当作"情理"之声，而是把它视为最陈旧的"常识"之音。以前我们曾在学校里学会如何培养这种"常识"，后来它成了我们所有人眼中的头号公敌。

您希望摧毁这种评判意识，那么您到底用什么去对抗它呢？

当然是对神奇[1]的渴望，比如说，在童年回忆中重现神奇就并非不可能。我们彻底地逆流而行，数个世纪的理性主义导致了思维模式的贫瘠，我们用激烈的反应去与之对抗，转向神奇并予以无条件的推崇。

对此，1924年《宣言》中的一句话说得相当到位："总而言之，神奇始终是美的，不论什么样的神奇都是美的，甚至只有神奇才是美的。"

不过您对神奇的渴望不同于普通大众。您确定了一种区分。比如，我很少看见您陷入通灵术吧？

当然，这差得远了。对任何属于通灵术的领域，以及对十九世纪以来所有那些把很大一部分神奇窃为己有的东西，我们都持严重的怀疑态度。确切地说，我们不可更改地撤销了通灵术的原则（生者和死者之间不可能交流），同时又对其可能显露的某些现象表现出强烈的兴趣。尽管其出发

---

1 神奇（merveilleux）是贯穿布勒东所有作品的关键概念，被他视为超现实主义最重要的内在动机之一。

点荒谬、漏洞百出，它还是流露出某种精神力量，具有一种极为独特的性质和一种绝对不可忽视的影响。为了说明我们在这方面的微妙态度，我想有必要把它置于1855年前后维克多·雨果（参见根西岛的灵桌仪式笔录[1]）和罗伯特·勃朗宁[2]（他在其诗作《灵媒污泥先生》中表达了他的立场）分别采取的态度之间。在维克多·雨果和勃朗宁的观点之间，矛盾（至少在表面上）达到了顶点。对于这一组矛盾，超现实主义的解决方法是，只要这些通灵交流摆脱了此前囊括的疯狂玄学蕴含，那么对其剩余部分可以予以重视。

我敢说，这无疑是对科学的根本贡献之一，我希望您能向我们详细描述一下您在探索未知时使用的方法和技巧。

我想人们很清楚我们试图接近这些"第二状态"时具有怎样的精神倾向，"第二状态"从一开始就是超现实主义选中的领域。借此机会，我忍不住，顺带要为那些或多或

1　维克多·雨果1855年前后在根西岛流亡期间，为了与他去世的女儿建立联系，曾一度痴迷于通灵术，参与过无数次招魂活动，对此深信不疑，认为在灵桌仪式中与他的女儿以及耶稣、莎士比亚、拉辛、莫里哀的灵魂成功进行了交谈，并留下了大量记录。

2　罗伯特·勃朗宁（Robert Browning，1812—1889）：英国诗人，坚信通灵术是一场骗局。他在1855年参加了一次降神仪式，当场揭穿了其中的伎俩。1864年创作了长诗《灵媒污泥先生》，对灵媒这一职业进行了辛辣嘲讽。

少正在投身于或曾经投身于自动写作或其他形式自动活动的人所不时遭受的懒惰指控做一番辩护。为了让这类写作成为真正的自动写作，事实上必须设法让精神进入超脱状态，既无视外部世界的吸引，也不顾个人功利和情感方面的关注，这更多被认为是源于东方思想而不是西方思想，对后者来说意味着一种紧张，一种更持久的努力。时至今日，我仍然觉得，满足深思熟虑的思想要求，这无比简单和轻松，难度远不如彻底放开这一思想，只竖起耳朵去倾听"暗影之口的诉说"[1]。

如今并不缺少各类著作重提当年旧事：第一个自动写作类型的句子，仿佛突如其来，不知冲着谁在说，它在怎样的情形下引起了我的注意。而我在《第一宣言》里也详尽地讲述了苏波和我如何成功实现同类音色的规律性输出。为了防止无法否认的千篇一律，我只提示一点，我们很快便倾向于变换信息获取的速率，从近乎沉稳的文风一直变到快得几乎来不及复查的书写。遥想起来，后一种文风似乎显得最富有新意，让人觉得速记符号可以带来更好的结果，但我不知道是否有人试过。

1　语出维克多·雨果 1856 年出版的诗集《静思集》中的同题诗作《暗影之口的诉说》。

在我看来，自动写作在超现实主义运动中得到过各式各样的使用，似乎并不一直遵守最初的实验精神？

我没忘提及自动写作在超现实主义中经历的变迁。主要的变迁涉及这一事实：在那些自动写作的参与者当中，审美层面的竞争无法彻底避免，至少，选择是事后确定的，只有那些被认为最成功的信息残片才被保留下来。说实话，这没有它看起来那么重要。关键在于，可以感受到自动创作的氛围，精神能够发现有那么一个地方，那里的动植物群全都可以辨认，尤其是当地的构造，对所有人都显得一样，只求被揭示出来。最大的难点在于，要引导每个人去尝试亲自辨认，让他相信此地不在别处，就在其体内，使之下定决心放下一切包袱，好让步履轻盈得足以迈过通向那里的桥。我认为，人们迟早会找到方法，随心所欲地跨到彼岸，又同样随心所欲地返回此地，无须任何特定的规章，仿佛按下按钮就足矣。世界的一切景观皆会遭到动摇，但我还是相信，兰波所言"真正的人生"[1]定会开始。

我想，1922 年左右，您和您朋友们的活动已经步入一

---

1 语出兰波《地狱一季》中的《疯狂的处女》："真正的人生是缺席的。"

个十分重要的阶段。您能否向我们概述一下当时尝试过哪些实验，反映出克勒维尔和德斯诺斯的突出贡献？

在我的作品《迷失的脚步》中，收录了一篇题为"灵媒入场"的文章，我在其中讲述了1922年年末的一个夜晚，我们像往常一样聚在我的书房里，在勒内·克勒维尔的提议下，开始祈唤催眠过程中的某种言语或文字表现。为此，按照他的指示，我们同意采用通灵术的外设器具，换言之，我们围着桌子坐成一圈，手指分开，无须绷紧，贴着桌沿，各自的小指指尖触碰身旁另一人的小指指尖，以此形成著名的"环链"。在此情此景所需的黑暗和寂静中，克勒维尔没有拖延，事实上，他很快就用头撞向桌子的木板，旋即投入一场滔滔不绝的即兴演说。

那场东拉西扯的即兴演说，主题有点像社会新闻。极其流畅，不见丝毫迟疑。从他给出的激动手势来看，情感内容应该不少。讲演是非理性的，时而浮夸，时而单调，没有值得重视的主题。真遗憾没能把它记录下来！从这样的话语中，或从他后来赏赐我们的类似话语里，我们得到了一份无以估量的档案，类似于克勒维尔的感性幽灵。克勒维尔，带着他那动人的青春目光（我们还保存着几张照片），带着他施展的魅力，带着他身上迅速觉醒的不安和顶撞……而穿透这一切，恰恰是焦虑在支配一切。而且，他的心理极其复杂，由于他对十八世纪尤其是对狄德罗的爱，他深陷于一种狂热之中，着了魔。

另外，在催眠及其给出的独特表达方式所营造出的氛围中，真正如鱼得水的人，并不是克勒韦尔——也不是佩雷，他在后续的某一次活动中睡着了，并且发表了一些相对开朗的言论，其中的托词和口气很像他写的故事——而是罗贝尔·德斯诺斯，正是他给这种形式的活动持续打上了属于他的烙印。他确实狂热地投身其中，为之带来一种海难式的浪漫风格，就像其早期诗集的题目"人身与财富"[1]所传达的那样。没有人像他一样，在隶属于神奇的所有道路上低头猛冲……

确实，参与这些活动必定是一场神奇的历险，一种新的诗歌就发源其中吧？

总而言之，我们都兴奋地经历了这一切。每天德斯诺斯都真正投身于未知之中，所有目睹这一幕的人也陷入了一种眩晕。每个人都竖起耳朵听他会说什么，睁大眼睛看他会

---

1 《人身与财富》是德斯诺斯 1930 年出版的一部诗集，极具超现实主义风格，探索了全新的诗歌语言，沉浸于梦幻，投身爱情的风暴。标题原文"corps et biens"在法语中常常用来描述事故造成的破坏性结果，比如某次天灾人祸造成了"人身与财富"多大的损失。因此布勒东称这一标题具有"海难式的浪漫风格"。

在纸上疯狂地写什么。我尤其想到那些"文字游戏"，它们具有前所未有的抒情风格，并且以一种近乎奇迹的节奏长期持续下去。这些"文字游戏"，德斯诺斯假托是他与当时远在纽约的马塞尔·杜尚进行心灵感应的产物，以"罗丝·塞拉维"[1]为题，收入了《人身与财富》。我刚刚提到奇迹。这样的奇迹首先在于德斯诺斯展现的本领：他能够在一瞬间，随心所欲地，让自己从日常生活的平庸完全进入灵感和诗意抒发的地带。书籍的视觉效果也许不利于这一脉诗作。在肉眼阅读下，诗作的简单，甚至粗俗，有时会令其失色；但从中喷涌而出的作品，甚至由于其充满百分百灵感的本质，无可抑制、无穷无尽，让批评无从下手。不用说，"文学"及其标准在此彻底失效了。

1 　罗丝·塞拉维（Rrose Sélavy）是杜尚 1920 年虚构的一位女性角色，他曾以此作为自己的化名，并拍摄了女装照片。这个名字是一个双关语，"Rrose Sélavy"用法语读出来的声音是"éros c'est la vie"，意为"情欲就是生活"。在《人身与财富》中，德斯诺斯以"罗丝·塞拉维"为标题，写了一百五十个诗歌片段，均与文字游戏有关。

考虑到这个时代最卑贱的喜剧演员曾经把阿纳托尔·法朗士当作同伙，我们便永远不会原谅他用其呆滞的笑脸来装点革命的色彩。为了埋葬他的尸体，我们可以清空一箱河堤上"他那么喜欢"的旧书，然后将他连箱子一起丢进塞纳河。既然死了，这个人就不应该再去扬起什么灰尘了……

（《破晓》[1]："一具死尸"，1924 年）

1　《破晓》是布勒东出版于 1934 年的一部随笔集，收录了他从 1924 年至 1932 年间撰写的文章。

七

催眠之暗礁："危险的风景"——咄咄逼人地重新露
面——"替罪羊"：阿纳托尔·法朗士 [1]

布勒东先生，在我们之前的广播里，您强调了催眠实
验既科学又诗意的趣味；但另一方面，我们知道，当您和
罗贝尔·德斯诺斯出现一些分歧时，您不得不中断这些探
索潜意识的尝试。我想，这一点值得在本次广播的开头予
以澄清。

这说来话长了……事情的惊人之处在于，1920 年前后，
我们对自动写作保持距离的原因，和我们对频繁重复的入眠
活动保持警惕的理由是一样的。起决定性作用的，是考虑到
基本的心理健康。就我而言，从一开始，由于过度运用自动
写作，使我出现了一些令人不安的幻觉倾向，我不得不赶紧

1　阿纳托尔·法朗士（Anatole France，1844—1924）：法国著名作家，1896 年当
选法兰西学院院士，1921 年获得诺贝尔文学奖。在超现实主义者眼中，法朗
士所代表的传统文学价值令他们痛恨。1924 年法朗士去世后，法国政府为其
举行了国葬，超现实主义者则组织撰写了讣告《一具死尸》，对其进行了辛辣
嘲讽和无情抨击，引起了社会轰动。

加以抵制。我在《娜嘉》[1]一书里提到过。

您当时感到怎样的不安，属于哪种性质？

"入眠"[2]，不仅在感官层面上，诱发了一些同类型的紊乱，而且除此之外，还在某些入眠对象家中发展出一种最让人担忧的冲动活动。我特别记得有一次，在皮卡比亚的一位朋友拉伊尔夫人[3]家中，召集了三十几位客人。房子很大，灯光昏暗，不管我们怎么劝阻，十来个人，有男有女，彼此压根不认识，同时进入了催眠状态。当他们走来走去，争先恐后地占卜和比画时，你可以想象那场景和圣梅达尔狂热的冉森派教徒[4]没什么不同。凌晨两点左右，其中几个人不知去向，令我十分担心，我最终在几乎全黑的门厅内找到了他们，他们像是商量好了，带着所需的绳索，正准备在衣架上自缢……克勒维尔，作为其中的一员，似乎策划了这一切。

1　《娜嘉》是布勒东出版于 1928 年的一部小说，是超现实主义的标志性作品之一。在小说中叙述者安德烈思考了超现实主义的诸多创作原则。

2　此处的"入眠"特指经过催眠手段进入的睡眠状态，而"入眠"者在潜意识控制下依然可以保持行动，并非通常意义的"入睡"。

3　玛丽·德·拉伊尔（Marie de La Hire，1878—1925）：法国艺术家，皮卡比亚的朋友。

4　路易十四时期，冉森派教徒在圣梅达尔公墓安葬的六品修士帕里斯坟头祈祷，幻想有圣迹显现，以至于身体痉挛，并引发民众围观和效仿。

我只好粗暴地弄醒他们。还有一次，在巴黎市郊艾吕雅家里用过晚餐后，我们几个人不得不制服入眠的德斯诺斯，因为他挥舞着一把刀，在花园里追赶艾吕雅。由此可见，克勒维尔内心潜伏的自杀念头，德斯诺斯对艾吕雅暗怀的仇恨，都在这些情境下急剧激活了。

谈到德斯诺斯，也许有必要对催眠带来的非凡启示力量加以评判。您能跟我们说说他为此遭受了哪些风险吗？

德斯诺斯，出于其性格中极度自恋的一面，很快就想把大家的注意力集中到他一个人身上。甚至有一次，由于我刚刚说过的笼统原因，我们已决定中止正在进行中的实验，但德斯诺斯并不甘休。连着数月，他几乎每晚都来我家，往往是趁我一个人的时候，他会在某一刻入眠，用餐期间也不例外。而且，用惯常的诱导动作把他唤醒变得越来越困难。有一晚，我压根唤不醒他，他的亢奋达到了顶点，当时应该是凌晨三点钟，我不得不溜出去找来一位医生。德斯诺斯用一顿辱骂迎接了医生，不过在医生干预之前他终归是醒过来了。这段插曲，以及我对德斯诺斯心理失衡与日俱增的担忧，让我下定决心采取一切措施确保此类事情不再发生。不用说，我们的关系因此深受影响。拉开超现实主义序幕的实验活动就此进入了一段停滞期。而随着《宣言》的发表，超现实主义进入了其推理阶段。

没错，我们回头再看，自 1924 年起，超现实主义便起草了一份正式的出生证明。丑闻时代[1] 也同样是由此开启的吗？

事实上，我们的心神远未安定。1924 年和 1925 年，超现实主义得到了表达和组织，而在 1930 年和 1931 年，我们对一切因循守旧表现出最积极的反叛，毅然决然成了最"不合群"的人。我们生活其中的世界给了我们完全错乱的印象，我们一致决定废除其主导原则。我们甚至无须为此协商：出于对这些原则激烈的拒绝，出于对其产生之结果的厌恶和憎恨，每一位新加入者都走向了我们。我们尤其憎恶那些适合被赋予神圣价值的观念，首当其冲的便是"家庭""政党"和"宗教"，但在最普遍意义上使用的"工作"甚至"荣誉"观念，也未能幸免。从这些喇叭筒里似乎流出了一批肮脏的货物：我们头脑中十分在意那些神灵曾经要求并且依然要求人类做出的牺牲。当时的报界对此笃信不疑，充斥着愚蠢、傲慢和玩世不恭（时代只是相对有所改变）。

1　在法语中"公愤"（scandale）与"丑闻"是一个词。布勒东认为：面对一个引起我们公愤的世界，我们故意制造丑闻予以回击。因此这一阶段被称为"丑闻时代"。

我们感到，一个行将就木、一去不返的世界，只能通过强化禁忌和增加限制苟延残喘，而我们则彻底主张将其摆脱。但这仍显被动：事实上，一种普遍的颠覆意志支配了我们。

如果想让"超现实主义革命"[1]这个随后不久流行起来的词语获得其全部的意义，并且不再显得夸张，就像它在当时对外表露的那样，那么理解以上内容就必不可少。

在一段时期内，面对一个引起公愤的世界，我们的做法在某种程度上就是以牙还牙。

我们保留着关于这场反抗的记忆，也许，这始终是二十世纪的伟大时刻之一；那么，当时您的情感以何种希望为滋养呢？

再重申一次，无论是这个世界提出的各种指令，还是其具备的多种价值，都无法让我们归心。我们用来反对它的东西，我后来曾有机会提过，是诗歌、爱情和自由。"自由或爱情"是德斯诺斯一部作品的标题。"爱情，诗歌"则是艾吕雅的一部作品的题目。

1　《超现实主义革命》是继《文学》杂志之后，布勒东等超现实主义者创办的另一份杂志，1924 年 12 月 1 日发行第 1 期，刊登了布勒东撰写的《超现实主义宣言》，共出版了 12 期，1929 年停刊。"超现实主义革命"这一说法也因此在法国社会中流行开来。

我之前已经提到了我们所依仗的几个昔日人物的名字。我们所做的选择极为重要。它事实上把萨德、洛特雷阿蒙、兰波及雅里推到了第一线，因为他们提供了最大限度的抗议余地。别忘了，在我们的青少年时期，波德莱尔还被普遍视为青年的腐化者。福楼拜在梦想一部《庸见词典》[1]时所津津乐道的"巨大"反讽与我们相去甚远，那部词典是一切普遍接受之物的总和，并且，就像他说的，是"对于人类各式庸俗行径的颂扬"。这类计谋在我们看来效果可疑，不管怎样它太过久远了。我们正处于进攻之势。而且，洛特雷阿蒙与兰波的某些言辞，带着一种急迫性，像着火的文字一样从其讯息中突显出来。它们成了我们眼中货真价实的指令，这些指令，我们刻不容缓地予以执行。

洛特雷阿蒙和兰波，是这样，不过您的血统不限于此吧?

当然，必定还有其他人物，我们觉得自己或多或少欠着他们恩情。《超现实主义宣言》罗列了其中一部分，像杨[2]（《夜思》的作者）、斯威夫特、夏多布里昂、雨果、阿洛伊

---

1 《庸见词典》是福楼拜的一部未竟之作，以字典形式收录了许多法国社会中的成语、习语，并对社会公认的良好行为规范进行了戏仿，具有辛辣的讽刺意味。

2 爱德华·杨（Edward Young，1683—1765）：英国诗人，1745 年前后创作了长诗《夜思》。

修斯·贝尔特朗、热尔曼·努沃、雷蒙·鲁塞尔；不久之后，我对初始名单中的些许空隙进行了填补，加上了赫拉克利特、拉蒙·柳利[1]、弗拉梅尔[2]、乌切洛[3]、阿尔尼姆[4]、奈瓦尔和其他人。这些人名在我看来只有指示价值，绝不能被当成某种限定。我提及他们只是为了更好地证实，对于那些能够滋养其根基的人物，超现实主义没有故弄玄虚。

这同样是为了表明，超现实主义对于所有名不符实或欺世盗名之徒都极端缺乏恭敬，作为抵偿，它会热烈赞美一大批常常缺乏官方认可的作品与人物立场。我们这代人的使命，就是证明活力汇聚于此，而非别处……

这种活力已经滋养了一大批诗人，应该比最开始多得多了吧？

事实上，在此期间，一些新成员刚刚加入我们。令人惊讶的是，他们加入超现实主义很少是单独的个例。几乎每一

1　拉蒙·柳利（Ramon Llull，1232—1316）：加泰罗尼亚作家，神秘主义者。

2　尼古拉·弗拉梅尔（Nicolas Flamel，1330—1418）：法国最著名的炼金术士之一，在后世传说中，他发现了贤者之石并因此永生，成为许多文学作品的原型。

3　保罗·乌切洛（Paolo Uccello，1397—1475）：意大利文艺复兴初期画家。

4　阿希姆·冯·阿尔尼姆（Achim von Arnim，1781—1831）：德国浪漫派作家，当时在法国并不知名，但布勒东对其颇为推崇，认为他的作品抵达了现实与想象的边界，展现了梦的力量。

次我们都会看到，好几个此前早已意气相投的人，同时投奔了我们。比如巴隆、克勒维尔、德斯诺斯、莫里斯和维特拉克。不久之后是阿尔托、莱里斯和马松[1]，接着是热拉尔和纳维勒[2]，然后是萨杜尔和蒂里翁[3]，再往后是杜阿梅尔、普莱维尔和唐吉[4]。每一次，这些新成员都一同带来了各种认知，各类感性反馈，以及许多对团体生活极为有益的建议。他们早已形成的相投意气在通常的团体活动中留下了各自的印记，不过超现实主义的方法依据，对所有人来说，都不成问题。

您能否对我们说说 1924 年超现实主义的整体氛围呢？

少不了各种地标：阿拉贡奉献了《放荡》，在我名下出版了《迷失的脚步》和《宣言》，然后是自动写作文本《可

---

1 安托南·阿尔托（Antonin Artaud，1896—1948）和米歇尔·莱里斯（Michel Leiris，1901—1990）均为法国作家，安德烈·马松（André Masson，1896—1987）是法国画家，三人在马松位于巴黎的画室中结识，1924 年一同加入了超现实主义团体。

2 弗朗西斯·热拉尔（Francis Gérard，1904—1992）和皮埃尔·纳维勒（Pierre Naville，1904—1993）均为法国作家，青年时代的好友，1924 年一同加入了超现实主义团体，参与了许多超现实主义团体的日常事务。

3 乔治·萨杜尔（Georges Sadoul，1904—1967）和安德烈·蒂里翁（André Thirion，1907—2001）均为法国作家，青年时代的好友，1928 年一同加入了超现实主义团体。

4 作家马塞尔·杜阿梅尔（Marcel Duhamel，1900—1977）与诗人雅克·普莱维尔（Jacques Prévert，1900—1977）以及画家伊夫·唐吉（Yves Tanguy，1900—1955）三人在一战服役期间相识，之后三人一同加入了超现实主义团体。

溶化的鱼》。艾吕雅出版了《不死而亡》，佩雷出版了《不灭的疾病》，阿尔托出版了《灵薄狱之脐》。

同样是在 1924 年，阿拉贡和我披露了兰波的一篇重要佚作：《一颗藏在教袍下的心》[1]，在那之前，克洛岱尔曾经成功阻止其走漏。自那时起，出于天主教的利益查抄兰波的著作，就变成了一个愈发复杂的操作。不过，这篇作品发表所能激起的情绪，不管怎么说，仍旧局限于某些知识分子圈子：它不过是一杆投枪而已。而在阿纳托尔·法朗士去世之际，发行的那本名为《一具死尸》的小册子，则完全是另一回事，它挑衅了当时几乎所有的公共舆论。这一次，公牛被逮住了犄角：我们确信它会冲我们猛烈晃动……

为了理解您这本小册子激起的暴烈反应，显然得回想一下阿纳托尔·法朗士当时享有的地位吧？

法朗士代表了我们所能憎恶的一切事物之典范。如果，在我们眼中，有谁沽名钓誉甚于旁人，那就是他了。我们对他所谓的文风清澈完全无感，而他过分突出的怀疑主义令我们尤为反胃。正是他声称"十四行诗《元音》[2] 缺乏常识"，

---

1 《一颗藏在教袍下的心》是兰波写于 1870 年的一部作品，其中充满对教权的敌意。1910 年前后，克洛岱尔看到了这份手稿，认为其中的内容有碍观瞻，不应公布。1924 年在布勒东和阿拉贡的支持下出版，二人还专门撰写了序言。

2 《元音》是兰波的一首名作，颇受超现实主义者推崇。

但诗句"挺有趣"[1]。在为人方面，我们认定他的态度最暧昧也最可耻：他尽其所能地博取左右两派的赞同。他身上塞满了荣誉和自负，等等。我们对他毫不留情。

这个草包从那时起就彻底瘪掉了，以至于今天都难以想象，那本四页小册子，汇集了阿拉贡、德尔泰耶[2]、德里厄·拉罗歇尔、艾吕雅和我撰写的文章，当时会激起怎样的暴怒反应。用卡米耶·莫克莱尔[3]的话说，阿拉贡和我都属于"一类狂怒的疯子"。他声称："这种做派不再是暴发户和恶棍，而是豺狼……"其他人更过分：他们要求对我们加以制裁。

这本小册子同样因一句话而为我们所知，几年之后，这句话会让其作者阿拉贡极为难堪……

"貘畜莫拉斯[4]与痴妇莫斯科同时致敬的文学……"，不得不说，相比他意图用来驳斥法朗士的这句话，阿拉贡从来

1　语出法朗士 1891 年发表的文章《关于兰波与〈圣物盒〉》。

2　约瑟夫·德尔泰耶（Joseph Delteil，1894—1978）：法国作家，1922 年开始与布勒东等人合作。

3　卡米耶·莫克莱尔（Camille Mauclair，1872—1945）：法国作家，观念保守，痛斥二十世纪的新艺术。

4　夏尔·莫拉斯（Charles Maurras，1868—1952）：法国作家，思想极为保守，反对革命，支持君主专制。"貘畜"一词是纪德的小说《梵蒂冈地窖》中拉夫卡迪奥对无能之辈的蔑称。

没有栽在什么比这更倒霉的说法上过。[1] 不过，这句话在当时充满了佩特鲁·博雷尔[2] 意义上的癫狂风格，大概从 1922 年开始，阿拉贡就在运用这种文风。虽然这句话对公众影响很大，我的意思是说，它一石激起千层浪，并引发了令人喜悦的公愤，但我们并非毫无保留地欣赏这种方式。在 1923 年的《文学》杂志上，我们已能看到，阿拉贡鼓吹"为丑闻而丑闻"。即便在超现实主义者团体内部，这样的主张也显得站不住脚，受到了激烈的批评。无论他当时施加过怎样的影响，就连他的朋友们也对他嘴里的大话有所察觉。必须按照阿拉贡当时真实的样子去看待他，他分裂了，一边表现出让他熠熠发光的天赋，另一边又努力服从超现实主义本质上更加阴暗的性情和看法。这势必导致他的某种神经质……

我相信，布勒东先生，许多路标当时已经立下，但在涉及《超现实主义革命》时期之前，我认为这个问题很重要，那就是关于您和您朋友们在当时的物质条件，您能否为我们提供一些相关资料呢？

在当时，缺乏可靠的物质生存手段，这对我们所有人

1　二十世纪二十年代末阿拉贡加入了法国共产党，成为坚定的共产主义者，因此这句话中对苏联的嘲讽令他颇为尴尬。

2　佩特鲁·博雷尔（Petrus Borel，1809—1859）：法国浪漫派作家，作品充满狂想风格。布勒东和阿拉贡对他格外推崇。

来说，当然增加了另外的不稳定因素，也加剧了我们对那个被我们视为反常的世界不予苟同、一刀两断的心情。这样的不稳定以不同形式表现了出来：比如，它使得艾吕雅在1924年春不辞而别突然失踪了。几个月后，我们才得知，他踏上了环游世界的旅程。他曾花心血收集的画作和原始部落的物件都被低价售出了。我们多数人的生活，即便不是过一天算一天，至少也没有任何为将来做打算的念头。有鉴于此，那么多超现实主义或前超现实主义刊物，能够在没有出版资助的情况下面世，简直堪称惊奇，不过，多年以来，我们总能通过内部募捐，或多或少艰难地筹集起必要的资金。但说到这，当时的生活，倒是比今天随性得多……可以想见，超现实主义拒绝向一切通行的套路妥协，致使我们关上了每一扇门，包括那些在我们的分歧变得如此绝对和如此公开之前，曾向我们中的某些人打开的大门。

更确切地，您当时的收入来源是什么，您的职业活动是什么？

我在时装设计师兼收藏家雅克·杜塞[1]那儿，干了好几

1　雅克·杜塞（Jacques Doucet, 1853—1929）：法国时装设计师和艺术收藏家。布勒东等人曾长期为杜塞工作，帮助其收购艺术品和作家手稿。杜塞晚年将其一生收藏都捐献给了巴黎市政府，并成立了著名的雅克·杜塞手稿图书馆，位于巴黎市中心的圣热内维耶尔图书馆一楼。

年图书管理员的工作。我还负责指引挑选一些绘画和雕塑，只要认为它们应该被收入其现代艺术收藏。我觉得自己没有辜负后一份工作，因为由我安排购入的作品包括：亨利·卢梭的《耍蛇人》，修拉的《马戏团》草图，毕加索的《阿维农少女》和所谓《"吃冰糕"的女人》[1]，基里柯的《令人不安的缪斯》，杜尚的《滑动装置》和《旋转半球》，还有皮卡比亚和米罗的一些重要作品……我回想起来，雅克·杜塞是个怪老头，当时已经七十来岁，确实，他有时表现得很有品位，被当成一位名副其实的艺术赞助者：他已给巴黎市捐献了一座艺术和考古图书馆，并准备把我当时负责的全部作品和手稿都遗赠给它，如今人们可以在圣热内维耶尔图书馆查阅。不过，要让他下定决心买一幅画，同样是件繁琐至极的事。不仅需要屡次三番地当面吹捧他各种非凡的优点，甚至写信期间也得继续恭维。不用说，这很快就变成了纯粹的空话……

至少，您因此如愿以偿，让那些被您断定为最重要的现代作品进入了一套著名的收藏之中吧？

既然我不觉得这是什么职业秘密，而且在今天，说清

1　Femme dite «au sorbet»。未找到相关画作。有可能是指 Femme au béret（《戴贝雷帽的女人》）。

125

楚艺术家和买家之间的关系也并非索然无趣，那么我就提一下，钱袋子可不会心甘情愿地为青年画家松开。有一次，我打算收购马克斯·恩斯特在独立艺术家沙龙上展出的一幅画作（具体名字我忘了[1]，但它以黑色为背景，画了五个同类的花瓶，从瓶子内部透出五朵相似的花。恩斯特要价五百法郎），经过一番没完没了的谈判，我负责出价两百法郎买下恩斯特的一件复刻品，画面中的花瓶减少到两个，看起来已经足够了。还有一次，我绞尽脑汁引起杜塞的兴趣去收购安德烈·马松的一件重要作品，而我最后得到的，是他从马松办展的画廊里购买了一幅尺寸最小的画作，那是一幅风景画，画得最草率，当然也最便宜。尽管他向我展示时显得心满意足，但他还是问我是否觉得少了点什么。而我当然感到不知所措："是的，我觉得这里应该有一只小鸟，我们会请正直的马松把它加上的……"这些特点足以让人联想到"艺术庇护者愚比"[2]，和安布瓦斯·沃拉尔[3]精心设计的那个系列相辅相成。

1　即马克斯·恩斯特的《视线之内》。

2　"愚比"是雅里在《愚比王》里设计的著名角色。"艺术庇护者"是布勒东给愚比随口安排的一个新身份。

3　安布瓦斯·沃拉尔（Ambroise Vollard, 1866—1939）：法国著名画商，与马蒂斯、毕加索等艺术家有过许多合作。沃拉尔非常喜欢雅里的《愚比王》，构思了一系列同人作品，包括《愚比神父进医院》《愚比神父开飞机》《愚比神父上战场》等。

这一切都相当令人难以忍受，但看起来似乎对于改变您的反叛立场并没有什么作用……

阿拉贡和我一样，也受惠于杜塞给他提供的明确谋生手段，负责每周给杜塞写两封信，谈论一些文学话题。这为他换来了每月五百至八百法郎的收入。我自己的薪水是一千法郎。

但由于发表了那本反法朗士的论战小册子，我们失去了这些财源。杜塞迅速召见了我们。他兴致勃勃地发表了一长段无所不包又言之无物的开场白，最后问我们是否觉得玩笑话越短越好。由于我们对此没有看法，他紧接着便痛斥我们不久前的所作所为既粗野又可憎，并在忍不住发火之后，示意要同我们断绝关系。在一个即将崩塌的世界上，尽管我们精神上非常克制，但我们紧紧抓住的最后一条绳索就这样断开了。

就在几天后，《超现实主义宣言》横空出世。它必须在这种紧张的氛围之中加以定位。至少在接下来几年间，超现实主义突飞猛进，它所要依靠的那些人，无不放弃加入那个遭到它谴责的社会结构。不管他们会因此面临怎样的个人困境，他们都意识到了自己到底要放手何为。

我们必须用每一只手掌抓紧一根沿着黑山的火绳。谁说支配了我们，使我们促成可恶的尘世安逸？我们渴望，我们会拥有我们时代的"彼岸"。

（《超现实主义革命》第四期：

《我为何接手〈超现实主义革命〉》）

八

《超现实主义革命》:"必须起草一份新的
《人权宣言》"——超现实主义研究所——
给阿尔托放权——圣波尔-鲁宴会风波

今天我们要开始谈论由您领导的超现实主义运动的一个关键阶段,它以《超现实主义革命》杂志面世为标志。我们知道您的反叛立场是什么,我会说,那是一种兼顾诗歌、道德与政治的反叛。您的第一期杂志证实了您在这句不容置疑的宣言中包含的决心:"必须起早一份新的《人权宣言》。"我想,解释您当时思想的最好方法,就是明确表达您赋予这些词语的确切意义。

1924 年年末,《超现实主义革命》第一期面世之际,撰稿者们对下列观点达成了一致:他们周围所谓的笛卡尔式世界是一个站不住脚的世界,是毫无诙谐可言的故弄玄虚,针对它的任何反叛形式都有理有据。整套知性心理学都遭到质疑。在他们看来,一切纯粹从精神的"大脑皮层"角度出发加以构想的东西,他们都断然拒绝承认。他们的朋友,费迪南·阿尔吉耶[1]，发表过一篇题为"超现实主义的人本主义与存在主义的人本主义"的文章，收录在 1948 年的《哲学院手册》杂志中，这篇文章极为内行，提出的问题再好不过："宣称理性是人类的本质，这就已经把人类一切两半了，而古典传统向来不乏此举。它区分了人类身上的理性部分——那是真正的人性——和毫不理性的部分，并通过这样的做法，让人类以本能和情感为耻。"在该领域内，弗洛伊德愈发被树立为我们的思想导师，我们认为其全部的教导就在于：所谓的理性力量和深度激情，它们注定彼此忽视，而这种割裂会为人招来致命的危险。唯一的对策，当然是反对这种"理性"的过分主张，在我们看来，它已篡夺了真正属于理性的位置。此外，还要让冲动和欲望摆脱压抑进程，因为压抑让它们变得更加有害。由于我们就此剥夺了古老"理性"数个世纪来窃取的至高权力，道德层面上携其之威强加于人的种种"责任"也理所当然地在我们眼里丧失了几乎全部的辩护词。我的意思不是说我们要让自己凌驾于"法律之上"，而只是提出我们对这种法律本身持明确的保留态度。我们不放过一切机会纠其差错，直到另一种真正合理的法律取而代之为止。"必须起早一份新的《人权宣言》"，这

1　费迪南·阿尔吉耶（Ferdinand Alquié，1906—1985）：法国哲学家，布勒东的好友，1955 年出版专著《超现实主义哲学》，提出超现实主义是一种人本主义，从梦境中汲取力量。

句出现在《超现实主义革命》第一期封面上的宣言，就应该
被这样理解。

您能否明确说明一个关键问题：超现实主义团体拥有
一致的革命抱负吗？

说到打破封闭的理性主义这一坚定意图，或对主流道
德律的绝对质疑，以及通过召唤诗歌、神奇和梦幻来解放人
类的计划，或对推动一套新价值秩序的关注，在这些不同问
题上，我们之间达成了全体一致。至于实现的手段，鉴于各
人的内心气质不同，我们难免出现某些分歧。

在这一时期，布勒东先生，阿拉贡在你们团体中的地
位如何？

阿拉贡？他还是像我之前描述的那样：总喜欢走钢丝。
没有人像他一样善于观望风向，你还没有下定决心，甚至不
听他的劝告，爬上一座山坡，他就已经登顶了……我们的普
遍感觉是，他一直很"文人"：就连上街和他一起漫步时，
你也几乎免不了听他念一篇写好或没写好的文章。这些文章
注定变得越来越做作，就像他在咖啡馆里高谈阔论时，喜欢
对着镜子自我欣赏一样。当时，这只被当作一个怪癖，影响

不大，他参与活动向来格外聪慧机敏。

您难道不觉得，艾吕雅的态度同样有点偏离您的"超现实主义革命"观念吗？

艾吕雅参与集体活动，尽管始终如一，却多半有所保留：在超现实主义和传统意义上的诗歌之间，很有可能他觉得后者才是目的，而从超现实主义的视角看，这构成了一大异端（不用说，美学，是我们想要放逐之物，而通过这扇门，它又仿佛回到了家中）。艾吕雅的意图一直游离于《宣言》的目标之外，1926 年，他出版了《生活的基底或人的金字塔》一书，在其"试读简介"中，清晰地表明了他的意图，他努力在梦境、自动文本和诗歌之间确立一种形式区分，并且由此转向了诗歌的优越性。这种类别划分，明显偏好诗歌"作为明确定义的意志之结果"，让我一下子觉得格外倒退，而且在形式上与超现实主义的精神背道而驰。当然，这丝毫没有剥夺艾吕雅的个性借以彰显的感性品质。

第一期杂志表现如何？在您看来，其核心兴趣何在？

从一开始，杂志的重心就放在了纯粹的超现实主义，也可以说是原生状态的超现实主义上。正因如此，皮埃尔·纳维勒和邦雅曼·佩雷被授予了主编之权，他们在当时可以被视作最受新精神鼓舞而且最拒绝让步的人。需要注意的是，最初几期《超现实主义革命》不包含任何诗作，反倒充斥着自动文本和梦境叙述。如果我回想当时的情境，那么就像我已经提及的几种潮流互动产生的结果那样，它会在下面这一长段话中呈现出来：

　　抒情潮流仍十分强大，既随同德斯诺斯走入浪漫主义的延续，也随同巴隆进入兰波所倡导的"尽量滑稽迷狂"[1]的表达，或者随同艾吕雅，其内在手法主要以波德莱尔为榜样。米歇尔·莱里斯与德斯诺斯一起分担了一种对语言材质进行干预和操弄的忧虑，他们迫使词语交出其秘密的生命，迫使词语吐露在其意义之外维持的神秘交易。从这个角度看，他们公认的导师，也是我们公认的导师，无疑是雷蒙·鲁塞尔[2]。我们曾反复向鲁塞尔发出合作请求，但并未收到回音，这令我们大感失望。我们逐渐明白，鲁塞尔投身于一种完全个人化的工作，

1　语出兰波《地狱一季》中的《词语炼金术》。

2　雷蒙·鲁塞尔（Raymond Roussel, 1877—1933）：法国作家，对二十世纪法国文学影响深远，深受超现实主义者青睐。鲁塞尔性格孤僻，与当时的文学圈极为疏离，与超现实主义者如布勒东、莱里斯等人有过交往，但并未加入该运动。

不给外部留任何空隙。直至今天，这项事业的意义与范围也没有被阐释清楚。我们对鲁塞尔的仰慕一直没有消退：1924年年初，只有我们同意上演其剧作《前额之星》，而到了1926年，仍旧只有我们，怀着同样的热情，为《太阳之尘》喝彩。

但除了与鲁塞尔的合作，您不也在寻找其他参与者吗？这样的选择能为我们进一步说明您的立场。

在我们所渴望的合作者中，我只想到一个被我们思念的人：他就是勒内·盖农[1]。

说实话，我们几乎没有找他合作的名义。但这确实是一大遗憾。不管怎样，我们已找上他了，这一点极具征兆。这足以说明，从那时起，我们就被所谓的"传统"思想吸引，准备在他身上加以推崇。我想，在我们当中，当时最倾向于这条道路的人，是阿尔托、莱里斯和我，虽然提议给盖农写信的是纳维勒。假如这场合作未遭拒绝，那么超现实主义的演化会是另一番样貌，想想真有意思……

1　勒内·盖农（René Guénon，1886—1951）：法国哲学家，精通东方思想尤其是印度及伊斯兰文化。1924年出版《东方与西方》一书，对超现实主义团体影响很大。

既然您提到了安托南·阿尔托的名字，我想，如果我不请您回忆一下这位高傲的人物，并指出他对超现实主义运动做出的贡献，听众们怕是不会放过我吧。

虽然安托南·阿尔托加入我们才没多久，但没有人比他更自觉地将其全部的非凡才能运用于超现实主义事业。过去，他完美的担保人是波德莱尔，在这一点上，他和艾吕雅意见一致。但如果艾吕雅在《美丽的船》中寻宝，那么阿尔托则更阴郁地品味着《凶手的酒》[1]。或许他与人生的冲突甚于我们所有人。当时他十分英俊，走动时，身后拖着一片被闪电贯穿的黑色小说景象。他被一种狂怒附体了，可以说任何人类制度都难逃其怒火，但偶尔，它也会化作一阵笑声，散发出青春的全部蔑视。话虽如此，这种狂怒，因其拥有的惊人感染力，仍旧深刻地影响了超现实主义的进程。

它命令我们这些人，要去真正地承担起我们的风险，面对那些令我们无法忍受之物，必须毫无保留地予以攻击。

这种战斗意志是如何表达的？您完全赞同吗？

1925 年，发表了各式各样的个人或集体文章，它们

---

1 《美丽的船》和《凶手的酒》都出自波德莱尔的诗集《恶之花》，前者描写了一位充满风情的女性，文笔流露出情欲的诱惑，后者描写了一场不计后果的酒醉，笔触阴郁而疯狂。

的语调都清楚地反映出，这一立场得到了强化。"超现实主义研究所"在格勒奈尔大街 15 号开张，其最初的目标是：对于精神的无意识活动易于采取的形式，一切有可能触及的通道都要加以收集。这间研究所，面对围堵而来的大批好事者和纠缠者，不得不迅速对公众关上大门。继弗朗西斯·热拉尔之后，阿尔托担任了主管，力图把它打造成一个生命"康复"中心。研究所的墙上挂着几幅基里柯的早期画作，它们在超现实主义者眼中享有一种无可匹敌的威望，此外还挂着几具女性身体模型。在那些远未被这类颠覆活动吓跑的人当中，瓦莱里和法尔格是这房间里的常客。

在阿尔托的推动下，当时发表了一些极其激烈的集体文章。尽管两三个月前从研究所飞出的"超现实主义蝴蝶"似乎仍踟蹰于到底要走哪条道路（诗歌、梦境、幽默），但终究没有任何攻击性，而猛然之间，这些文章一下子充满了反叛的热情。比如"1925 年 1 月 27 日声明"，又名"打开监狱，解散军队"；致"教皇"和"达赖喇嘛[1]"的请愿书；写给"欧洲高校校长"和"佛教学者"的信，以及"致精神病院医务主任们的信"，这些都可以在《超现实主义档案》里重新读到。语言已被剥离一切装饰性，它避开了阿拉贡所

1　指第十三世达赖喇嘛图登嘉措（1876—1933）。

说的"梦之浪潮"[1]，想要变得锐利而闪亮，但那是以一把武器的方式闪亮。我喜欢这些文章，尤其是那些烙着阿尔托最鲜明印记的文章。再一次，我用他的命运来估量其绝大部分苦难，苦难在他身上激发出近乎彻底的拒绝，尽管那也是我们的拒绝，但没有人表达得比他更加恰当，更加炽热。

不过……要是我全身心投入这些文章背后的推动精神，另说一句，它们是我们中间许多人的观点长期交流的产物，要是我对其内容不做任何保留，那么我很快就会对它们创造出的氛围感到不安。它们在极短的时间内接连发表，而且这种具有严重论战性的活动势必要牵连其他所有人，这样的事实让我感觉到，我们已经不知不觉被狂热支配了，而我们周围的空气也变得愈发稀薄。如今更细致地回想起来，我更清楚地明白了我自己的抵制，尽管当时我还不甚理解。这条半自由、半神秘的道路，并不完全是我的道路，有时我还宁可视之为一条死路（这不是我一个人的想法）。我总感觉，阿尔托带我去的是一个抽象的地方，一条布满镜子的长廊。我觉得那里总有某种"字面"的东西，尽管措辞十分高贵、十分美丽。在这个由空隙和缺漏组成的地方，就我个人而言，我再也找不回自己与无数事物的交流，而那些事物，不管怎

---

1 《梦之浪潮》是阿拉贡 1924 年发表的一部超现实主义作品，充满流动的经验并拥抱未知与意外。

样，给过我快乐并让我牢牢地站在大地上。我们早已忘了，超现实主义也很会爱，而它在狂暴中的痛斥，恰恰能够让爱受到损害。

总之，阿尔托必定在追求某种极致，就像德斯诺斯也在另一个层面上追求极致一样，对此，我心存疑虑。我觉得，这会导致我们精力耗散，后续也难以弥补。你可以这么想，我清楚地看到了机器如何冒出浓浓的蒸汽，却再也看不到它如何继续给自己提供燃料……

那么，这多半解释了，您当时接手《超现实主义革命》后，杂志在路线上的突然转变？

是的，正是出于这些原因，当然还有别的一些原因，我不无顾忌地中止了阿尔托正在负责的试验，并决定亲自接手《超现实主义革命》。在一篇相当窘迫的文章里，我宣布了这一决定，在其中明显克制了自己，没有把话都说出来。我试图尽量让人明白，关键在于"同精神的旧制度决裂"，不过，为了达成这一点，光指望"用粗鲁的勒令来恫吓世界"是不够的。我主张的方法是，回归之前的立场，即从本质上，首先要让语言重新沸腾起来，就像自动写作和催眠活动中发生过的那样，同时要对其所能产生的结果无条件地予以信任。

所以您的态度并不意味着任何放弃。此外，我们好像进入了超现实主义运动的一个格外活跃的阶段？

社会层面的关切并没有被我们抛弃。它只是试图用更少抒情、更加严格的方式去表达。政治转向并不遥远。在第四期杂志的卷首文章里就有一句话，今天让我觉得写得相当好。请允许我引述这句话："在欧洲社会的当前状态下，我们仍忠诚于一切革命行动原则，只要它走得足够远，哪怕它以阶级斗争为起点。"

当时，随着圣波尔-鲁宴会[1]的举办，种种丑闻形成了"闭环"。那是在 1925 年年中，我们中的某些人之后将会服从的纪律那时候尚未被确定下来，超现实主义者形成了一个极其紧密的同质团体，他们彼此分享相同的根本信念，相互引导去培养各种发怒的理由，这样的理由接收自外界，当然从来都不缺。宴会当天上午，他们的名字还出现在一份抗议书底部，抗议刚刚爆发的摩洛哥战争[2]，是由知识分子发起的。而在一个与我们更加息息相关的层面，另一个激怒我们

---

1 1925 年 7 月 2 日，巴黎的丁香园餐厅举办了一场晚宴，向途经巴黎的象征派诗人圣波尔-鲁致敬。晚宴中，赴宴的超现实主义者与其他来宾发生了斗殴，成为轰动一时的新闻，造成了巨大的"丑闻"。

2 即 1921 年西班牙与摩洛哥柏柏尔人部落之间爆发的里夫战争，1925 年法国参战，加入西班牙一方，一年后获胜。

的话题也冒了出来。法国大使克洛岱尔[1]，与意大利的一份报纸进行了一次访谈，在《喜剧》[2]日报上进行了转载，在访谈中，他先是宣称，超现实主义和达达主义一样，只有"一种意义：鸡奸"，然后吹嘘自己在1914年大战期间的爱国行为，也就是在南美洲为军队购买肥猪肉。这下就太过分了。如果说，在我们这一边，各种抨击接踵而来，那么至少要还我们一个公道，此情此景之下，率先挑事的并不是我们……

不过，圣波尔-鲁的宴会还是在令人不快的征兆中来临了。就在我们赴宴之际，著名的《致保罗·克洛岱尔先生的公开信》刚好出厂，印在血红色的纸张上。我们决定提前赶到丁香园餐厅，在每套餐具下面都塞一份。

原则上，在这场活动公布时，超现实主义者秉持着怎样的立场呢？

这样一场宴会很不合我们的口味。即便我们把圣波尔-鲁奉为象征主义的伟大创造者之一，即便我自己也曾把

---

1 克洛岱尔当时是法国驻日大使。

2 《喜剧》日报创刊于1907年，是一份观点颇为现代的戏剧类日报，阿波利奈尔也曾为该报撰稿。1925年6月24日，该报登载了克洛岱尔的访谈，引起了超现实主义者的强烈反应，继而撰写了《致法国驻日大使保罗·克洛岱尔先生的公开信》作为回应。

他歌颂为"意象大师",并斗胆把《地光》题献给"那些像他一样享受着无闻于世之绝妙快乐的人",我们仍然一致为其感到惋惜,他途经巴黎居然招来了这些既过时又可笑的盛宴。他之所以欣然接受邀约,是因为他在布列塔尼的孤独生活中,失去了一切与青年时代伙伴们的真正联系,这些伙伴大多已经垂垂老矣,而他却无疑能够在他们和超现实主义者之间牵线搭桥,哪怕只有一晚……

我想请您为我们叙述一下这场活动的主要进程,对此我们已知道好几个版本了。

宴会,或不如说那些代替它发生的事情[1],并不完全像人们说的那样展开。致克洛岱尔的信件措辞,从一开始,就让不少宾客感到惊愕和愤慨,而且由于他们不知做何反应,在他们和我们之间还产生了极度紧张的关系。为此,在场的数位夫人都觉得窒息,以至于其中一位嘱咐我打开我身后的窗子。我大概太用力了,或者是对着蒙帕纳斯大道的二楼门面破败不堪,窗户的两块扇板在我拉把手时脱落了。所幸桌旁的人迅速接住,帮我把它们放到了地上,避免了玻璃碎掉。

---

1 指宴会期间发生的冲突和斗殴。

说真的，我们一直对拉希尔德夫人[1]和吕涅-坡[2]极为不满，他们出现在"贵宾席"上（"贵宾席"这几个字就已经让我们出离愤怒了），就是为了使一切激化。拉希尔德刚刚在我不知哪一份报纸上发表了一些敌视德国的言论（诸如一个法国男人绝对不能娶一个德国女人，等等），令我们深恶痛绝。而我们更不能原谅吕涅-坡在一战期间曾经给反间谍机构军情二处服务过。那天晚上，他们遇到了我们，免不了演变成一场爆炸性的混战。我们知道，超现实主义者对他俩的高声议论点燃了斗殴的导火索。服务员正要端上一道相当差劲的"白汁鳕鱼"，我们有好几个人已经跳到了桌上。三位来宾暂时离场，不久后又带着警察回来了，从这一刻起，情势的恶化就不可挽回了。但说来好笑，在一片混乱中，被捕的居然是气急败坏的拉希尔德。圣波尔-鲁试图劝说大家重新冷静下来，但为时已晚。我们还知道，莱里斯差点挨揍，因为他先是对着窗户，接着又冲着大街大声喊叫，刻意煽动情绪。这场圣波尔-鲁宴会插曲意义重大，因为它标志着超现实主义与当时一切守旧分子彻底决裂。以《法兰西行动报》为首的多家报纸，再加

1　拉希尔德（Rachilde，1860—1953）：法国作家，原名玛格丽特·埃梅里。参与过象征派运动，写过不少情色作品。"拉希尔德"是她的常用笔名之一。

2　吕涅-坡（Lugné-Poe，1869—1940）：法国作家，创建了著名的"作品剧院"，参与过象征派运动。

上一些职业团体如"文人协会"和"战斗作家联合会",他们都要求进行报复（他们不再刊印我们的名字,甚至想把我们驱逐出法国[1],但凭借哪一条法令呢?）,从那一刻起,超现实主义和其余一切事物之间的桥梁都断了。对此,我们如鱼得水。不过,也正是从那时起,我们共同的反抗开始向政治层面集中。

1　例如"战斗作家联合会"主席蒂耶里·桑德尔（Thierry Sandre，1890—1950）曾在 1925 年 8 月 1 日的《文学日报》上撰文,指责超现实主义者都是"外国佬"。

在事实领域，对我们而言任何模棱两可都不可接受：我们无不渴望权力从资产阶级手中转到无产阶级手中。同时，在我们看来，关于内在生命的实验仍有必要继续进行下去，当然，不能存在外部控制，哪怕是马克思主义的也不行。

（《正当防卫》[1]，1926 年）

---

1 《正当防卫》是布勒东发表于 1926 年《超现实主义革命》第 8 期上的一篇文章，结合了马克思主义理论与超现实主义思想。

九

重大疑问：精神解放难道不需要以人类社会的解放为先决条件吗？——迎接共产党

今天我们要谈谈超现实主义的明确政治化阶段，其标志是，您接近了"光明社"[1]，以及您和您的多位朋友后来尝试入党。在这方面，有不少文献追溯了您的演变轨迹。不过，您愿意确定一下这个政治性时期的起点吗，比如回忆一些突出事件，点明几个重要人物？

政治转向将在超现实主义中留下痕迹，在时间上可以被精确定位于1925年夏天。我们和安德烈·马松还有其他几位朋友一起，在普罗旺斯的托朗克度假。尽管我们白天大部分时间都沉迷于观察昆虫和捕捉鳌虾，但激烈的讨论通宵达旦。"自我批评"这个词，尽管不属于我们的词汇，却以

1　"光明社"是以法国作家亨利·巴比塞（Henri Barbusse，1873—1935）为首创立的一个左翼革命社团，巴比塞1919年出版了小说《光明》并创立了《光明》杂志，整合了一批具有共产主义革命倾向的进步青年作家，进而建立了"光明社"，具有强烈的反资本主义倾向。

超现实主义的方式得到了广泛运用。头几个月，电量最足，也最热衷于各种常常彼此矛盾的冲动。在超现实主义的黑板上,阿拉贡关于"痴妇莫斯科"[1]的著名俏皮话所造成的论战绝不能被一笔勾销。对于这句俏皮话，让·贝尼耶[2]在《光明》杂志上予以了严厉反驳。这份准共产主义刊物在许多方面让我们心怀好感，只可惜它被亨利·巴比塞这样的冒牌知识分子把持了。贝尼耶的做法招来了阿拉贡的愤怒回击，后者已经给我们团体中的好几个人留下了作茧自缚的印象："俄国革命，"他坚持认为，"您没法阻止我耸肩。在观念等级上，它最多是一场含糊的内阁危机罢了……人类生存提出的种种难题，并不属于过去几年间在我们东方发生的小得可怜的革命活动。我多说一句，正是由于对语言名副其实的滥用，它才能被定性为革命。"在我们中间，就连对政治最不关心的人也从中看出了一种站不住脚的"华丽词藻"。

所以您当时觉得有必要进行澄清吗？

好吧，这事想必一直挂在我心上，因为当时我已经准

1　语出阿拉贡在 1924 年反法朗士的小册子《一具死尸》上发表的文章《您打过死人耳光吗?》，具体内容参见前文。

2　让·贝尼耶（Jean Bernier，1894—1975）：法国作家，"光明社"的重要成员之一，《光明》杂志撰稿人。在《一具死尸》出版之际，他对其中的大部分观点予以了同情，后来与布勒东还有过其他合作。

备全力重启论辩了。在《超现实主义革命》第五期上，我发表了一篇读书报告，涉及托洛茨基[1]的一部著作，内容是他对列宁的研究，这篇读书报告为我提供了契机。它未被收入《超现实主义档案》，这令人遗憾，因为它不容置疑地标志着：为了更好地领会那些引发俄国革命的观念和理想，第一步，也是决定性的一步，已经迈出（虽然后来常有人说，那是我和超现实主义踏空的一步）。确实，我克制住自己，没有把它收入后续的文集，这是因为其中的表述差强人意，尤其是回过头再读的时候，但当时还能怎样呢？我几乎是摸索着前行，至于那些我提出需要重审的问题，如果我想让周围的人理解我，我只能用情感方面的证据来加以支撑，而且，在我们中间，还没有任何人觉得有必要超越马克思主义的基本原理。我毫不迟疑地与"我的这个或那个朋友绝交，因为他相信，可以用无论何种原理为名攻击共产主义"。"在我们当中，"我说过，"普遍的精神只应倚靠革命现实，它必定会想方设法不惜一切代价地让我们走到那里。"这句对阿拉贡近期举动的影射似乎让我觉得意犹未尽，我又补充了一句，向他直接发起挑衅："路易·阿拉贡尽可以通过公开信告知德里厄·拉罗歇尔，他从未高呼过'列宁万岁！'但明天他

1　列夫·托洛茨基（Léon Trotski，1879—1940）：苏维埃革命领袖。1925年，托洛茨基的专著《列宁》在法国出版，布勒东在阅读之后大受启发。

将狂吠出来，因为人们禁止他这么喊叫。我也尽可以……认为这是向我们最恶劣的诋毁者投降缴械……让他们以为我们只会寻衅滋事：列宁万岁！相反，只因那是列宁！"

我敢说当时我施加了足够的影响，使得这种立场一下子就被超现实主义广泛接受了吗？而阿拉贡，我说他没有提出过丝毫异议，是否就是第一个归顺的呢？

阅读托洛茨基的《列宁》一书，为何对您具有如此特别的启发性？

不可否认，阅读这样一部作品之所以令我激动不已，首先是由于其感性的一面击中了我。从凡人（列宁这个人物本身，正如作者私下认识的那样）和超人（列宁所完成的使命）的关系中，释放出了某种非常动人的东西，与此同时，这赋予了列宁思想至为强大的吸引力……法国的思想警察一定高度警惕，以至于这些观念过了这么久（接近八年[1]）才传到我们脑中！说来不可思议，1925 年之前，"革命"一词，就其能让我们为之振奋而言，只与过去的国民公会[2]和巴黎公社挂

1　从 1917 年的俄国十月革命到 1925 年。

2　国民公会是法国大革命期间于 1792 年 9 月 21 日成立的国家权力机构，是法国历史上第一个没有阶级区分的议会，于 1795 年 10 月 26 日解散。

钩。透过我们当时谈论革命的方式，不难明白，我们更加在意它在圣茹斯特或者罗伯斯庇尔[1]口中秉持的语调，而非其教条化的内容。这并不意味着，我们不把 1793 年或 1871 年的革命事业完全当成我们自己的事业。社会与经济的动荡终结了一定数量的极端不平等现象，而动荡的必要性和紧迫性，已被超现实主义的诉求所吸收乃至溶解，不管那种诉求起初有多么绝对。不过，在当时，对于这些令转变得以发生的手段，我们只是略加关注而已。我之所以强调这一点，是因为人们常常假装不理解我们在这方面突然迈出的步伐，用某些人的话说，这诱使我们可悲地缩小了行动领域。

哪些文本和事件，在您看来，标志了这一时期的各个主要阶段呢？

如今，围绕在超现实主义周围，存在一整套文学批评，让人去追踪这条演变之路，说实话，这是一条崎岖的路。主要阶段的标志，是一份宣传手册的发行，题为"最初和永远的革命"（1925），这为一个跨团体组织的创立拉开了序幕，其中汇集了《光明》杂志、《哲学》杂志以及比利时小报

1　路易·安托万·德·圣茹斯特（Louis Antoine de Saint-Just，1767—1794）与马克西米利安·罗伯斯庇尔（Maximilien Robespierre，1758—1794）均为法国大革命期间的革命领袖。

《通信》中的活跃分子，以及不少超现实主义者还有几位独立人士，这个跨团体组织旨在尽可能地统一口径，并把各参与团体最宝贵的贡献投入共同的熔炉。我之后会提到，我们打算创办一份杂志，原定的名称是"内战"，但流产了，同时我的小册子《正当防卫》在1926年发行了。但到了1927年，当我决定加入共产党时，为了表忠心，我不得不把这本小册子从市面上回收并予以销毁。另一本小册子《朗朗白日》也在同年发行，其中收录了阿拉贡、艾吕雅、佩雷、尤尼克[1] 还有我集体创作的公开信，一部分写给共产主义者，另一部分写给与我们存在新旧分歧的朋友们。1929年，阿拉贡和我联名发表了一篇文章：《待续，为某些具有革命倾向的知识分子档案锦上添花》，这如果不算一个结局，至少也是一个暂时的解答。

要是您愿意的话，让我们回到超现实主义团体与光明社进行接触的时期。起初，你们之间的关系氛围如何？

我们的朋友维克多·克拉斯特[2] 在杂志上发表过很多文

1　皮埃尔·尤尼克（Pierre Unik，1909—1945）：法国作家，1925年与布勒东结识，加入过超现实主义团体。

2　维克多·克拉斯特（Victor Crastre，1903—1983）：法国作家，《光明》杂志和《超现实主义革命》的撰稿人，光明社成员，与超现实主义者交好。

章（包括《现代》杂志等），这些文章刚刚结集成册[1]，它们再清楚不过地展现了那一时期的氛围。他本人是光明社的一员，马塞尔·福里耶、让·贝尼耶和乔治·阿特曼[2]也是如此。他因此具备了超现实主义者所缺乏的政治修养。在性情方面，他不如他的同志们好辩，但对于超现实主义思想的基础构成，他持更开放也更关切的态度。尽管福里耶和贝尼耶从他们受的马克思主义教育中获益匪浅，尤其卖力地想让我们放弃先前的立场，以便促使我们与他们一起走上斗争之路，但克拉斯特显得更加谨慎，满怀同情地打听我们做出的独特抉择。在他最近的研究成果中，他极其清晰地说明了，在他的团体与我们的团体之间发生过某些反常的互动：超现实主义者皈依了辩证唯物主义，做得也许过于急迫了；而光明社的成员，包括福里耶和贝尼耶在内，则艰难地抵制着超现实主义的某种诱惑。

看起来，双方慷慨的意图和理解的努力并没有促成团结？

没有，这或许不可避免吧：以完成唯一任务为宗旨，

---

1 指克拉斯特的《超现实主义大戏》，该书 1963 年才正式出版，但 1951 年他曾赠送一本样书给布勒东。

2 马塞尔·福里耶（Marcel Fourrier, 1895—1966）和乔治·阿特曼（Georges Altman, 1901—1960）均为法国作家，光明社成员。

把多个团体聚集起来，打造一个公共平台，可以经由它去展开行动，这样的做法提出了一个心理学方面的难题，至今鲜有人谈及。这些团体，在其聚合体内部，都包含着"群魂"[1]，意思是受个体自身推动的"集体心理存在"。即便这些群魂的构成元素暂时实现了融合，每一种群魂却远未从根本上放弃其自主性，一旦自主性受到攻击，它就会小心翼翼地予以防护。

这就说明了，为什么当时的众多文本和解决方案（《最初和永远的革命》是其中的典范）几乎都大异其趣。这也说明了，当某个团体中的成员被指控违背了共同的承诺，因此受到质疑，偶尔还遭到开除，为什么会引起他多多少少有些长久的幽怨反应。

这其实算是一种解释，不过在您看来，这就是全部了吗？

这个计划相对来说失败的另一原因在于，那些人试图商议出一个类似的行动，却做不到步调一致。每个人在生活中各有际遇，无法让所有人都处在相同的空闲状态。跨团体

---

1 "群魂"（eggrégore）是一个神秘学术语，意思是，当一些人怀着共同的目的聚集在一起时，整个团体就会形成一种群体思维，反过来影响群体中的其他人。法国医生皮埃尔·马比耶（Pierre Mabille, 1904—1952）曾在二十世纪三十年代参与过超现实主义活动，并于1938年出版《群魂或文明的生命》。布勒东很可能是他那里借用了"群魂"的说法。

活动必然要求对某些人加以处罚，这会造成严重的心理创伤，并激起强烈的怨气，在某些情况下，还会引发最意想不到的惊人变化。

比如？

比如？我想不出比亨利·列斐伏尔[1]更好的例子了。身为《哲学》团体的一员，他的许多文章表露出自然神论立场，这显然与我们全体信奉的马克思主义无法兼容，于是他被要求对此做出解释。列斐伏尔当时承认，自己还没有彻底放弃青年时代的信仰，并且提交了辞呈。而几年之后，他改头换面，变成了官方马克思主义（我的意思是斯大林主义）任命的理论家，专门负责检举那些哪怕轻微偏离政策路线的行为。他的离去，被我们全体一致改成了开除，最终导致《哲学》杂志的另两位领导者（他们起初几乎不是马克思主义者）——皮埃尔·莫朗日和乔治·波利策[2]——经历了一场与列斐伏尔类似的演变。这也是群魂遭到威胁后不顾一切

---

1 亨利·列斐伏尔（Henri Lefebvre，1901—1991）：法国左翼思想家，《哲学》杂志的创刊人之一，追求"哲学革命"。1928年加入共产党，之后成为法国最著名的马克思主义学者之一。

2 皮埃尔·莫朗日（Pierre Morhange，1901—1972）和乔治·波利策（Georges Politzer，1903—1942）都是法国左翼思想家，《哲学》杂志的创刊人，二十世纪二十年代末加入共产党。

地进行重构的绝佳案例。

　　这真是个奇怪的情况，相当难以理解，因为您提到的那些人，要么不是马克思主义者，要么几乎不是马克思主义者，但他们当时的全部抱负，似乎就是要表现得像马克思主义者……

　　从这个角度看，超现实主义者当时又怎么样呢？

　　是的，我承认那很像一场集体皈依。在严格的宗教层面上，人们只考虑我们的意图，似乎这样看起来就足够了。超现实主义者，为此尤其付出良多。事实上，他们一致倾向于认为，这个围绕在他们身边的世界，至今仍旧存在的最令人反感之事，就是极少数人对于其他人的奴役，对此甚至找不到任何层面的正当理由。这种恶行，在一切罪恶之中，是最不可容忍的，因为它只取决于人类是否对此采取补救措施。其实，消灭这类事情，并非我们眼中的万灵药，我的意思是，哪怕消灭了它，我们也还远没有想到一切都是"为了在最好的世界里求得最好"。既然超现实主义不断推崇洛特雷阿蒙和兰波，那么很清楚，让它感到苦恼的真正对象，其实是人类的处境，更甚于个体的社会处境。不过，这种完全专制而且极不公平的社会处境，比如在二十世纪的法国，仍然构成了一道屏障，横亘在人类及其真正的困境之间，因此当务之急就是冲破这道屏障。在岁月进程中，有不少人为此提出过各种方案，而其中有一个方案统摄全局，它就是马克思主义的方案。我们也许辨读得过于匆忙，但起码如饥似渴。这并不意味着《资本论》的每一卷我们读完都有所获益（我们对政治经济学缺乏天赋），但关于马克思，我们相当熟悉他的《哲学著作》《神圣家族》《哲学的贫困》；熟悉恩格斯的《反杜林论》；熟悉列宁的《唯物主义和经验批判主义》。这里只是列举几部最基础的著作而已。我们从中推断出的最可靠的内容便是：为了助力"改造世界"，我们必须开始用一种不同于以往的方式进行思考，尤其是，要对这句著名的"物质先于意识"毫无保留地予以赞同。这便是我们甘愿听从的一种必要性，但它也意味着我们中的许多人需要做出宝贵的牺牲。

也许吧……难以想象，以您的世界观居然能够接受这样一种公设。您只是出于纪律才顺从的吗？

今天我仍觉得，"物质先于意识"这类原则只能当作"信条"被人承认，它假定了一种二元性，这对我来说难以接受，除非是为了满足"全世界的社会改造"这样一个不惜任何代价都要实现的主要目标。无论愿意与否，我们都不得不经历这一遭。我表述得很天真，但我觉得，在超现实主义里，普遍的感受方式便是如此。就个人而言，我不得不施加在自己身上的这种暴力，并没有帮助我长久地紧抓这条绳索。至于其他人，无论发生了什么，都牢牢地与之绑定。

换个话题，皮埃尔·纳维勒真的对超现实主义的政治走向起到了决定性影响吗？

人们过分夸大了纳维勒对那一时期采取的共同决定的影响。我记得，纳维勒和佩雷联合主编了最初几期《超现实主义革命》。第三期上发表了一篇文章，其中的主题引起了我和他的分歧，因为他声称，不存在（并且暗示不可能存在）超现实主义绘画，而这一分歧和我接手杂志主编权（在他看来，这是从他手中夺权）的决定不无关系。我不认为，以他的性格和脾气，他会忍下这口气。他的名字在后续五期杂志目录上都缺席了，为期两年之久，这足以说明问题。此外，服兵役也让他远离巴黎。当他回来时，他清空了其超现实主义的过往，下定决心献身于纯粹的政治活动。后来很长一段时间，我都对他抱有怨言，因为他的朋友们在努力按照革命的要求行动，却又不想因此放弃自我，这就使他们遇到了许多困难，而他不仅不试图消除这些困难，反而尽其所能地扩大我们和我们想要加入的群体之间的鸿沟[1]。纳维勒和超现实主义者之间的争论，开始于他的小册子《革命与知识分子》，而我则在《正当防卫》中予以了回应。之后他又在一篇题为"更好又不够好"的文章里进行了反驳。这场论战随着《朗朗白日》上发表的一封致纳维勒的公开信而收场。

话虽如此，至少，与纳维勒赞成刊发的观点相反，超现实主义中从未发生过什么"纳维勒危机"。发生过的只是一场特殊类型的纳维勒叛变，仅此而已。

所以，纳维勒用来反对您的论据，和当时您加入共产党所激起的那些来自党内的反对意见没有任何关系吗？

毫无关系。后一类反对意见的性质极其简单，但也抵不住它们迅速成为难以克服的阻碍。当然，它们主要针对的是我，因为我负责主编《超现实主义革命》，光是这本杂志隐晦而且乍看之下离经叛道的标题，就足以招致全部的猜疑。我满腔的诚意，以及在当时推动我入党的无与伦比的热情信念，都克服不了这个标题在党内"负责人"心中激发的不安情绪，更不用说，他们带着惊愕而深感冒犯的表情在手

1　纳维勒在脱离超现实主义团体之后一度加入了法国共产党，并坚持认为超现实主义与共产主义绝对不可能共存，并在超现实主义者入党时制造了一系列障碍。

中传阅的杂志内容使他们的不安有增无减。鉴于这一切的结果，如今回想起以下这些场景，我并不否认自己遭受了某种嘲弄：大清早，在杜埃斯梅街的一所学校的操场上，或是在马图兰-莫罗街的公会之家里，我受到私人传唤，在一个又一个"考核委员会"面前，试着为超现实主义的活动辩护，并为我的行动意图给出忠诚担保。

那些委员会是什么样的？它们进行了何种审问？

委员会由三位我从来不认识的成员组成，只知其名而不知其姓。他们一般是外国人，对法语很不精通。除此之外，我回想起来，没有什么比那更像警方审问了。而且它有时会持续到下午，严格控制我的午餐时间。我的解释很快便让他们感到满意，但总有那么一刻，一个审问员会拿出一期《超现实主义革命》，于是一切又重新受到质疑。回想起来，最好玩的地方（如果可以这么说的话）在于：某些插图一定会让他们怒不可遏，尤其是毕加索作品的影印。面对这些插图，他们轮番尽其所能地发火，争先恐后地挖苦："它必须从哪个角度去看""我能说出来它'代表'了什么""所以我会觉得自己在为这些小资产阶级的蠢话浪费时间""我认为它堪比大革命"，诸如此类。我产生了一种错觉，感觉自己勉强脱身了，毕竟每个委员会都同意批准我的申请，但不知为何，又冒出了新的委员会，决定不久之后一起开会听取我的陈述，而在普遍的惊愕目光中，那本橙色封面的杂志[1]，又一次被摆到了桌上……

您走向法共的道路终点似乎相当荒芜……

因为这些相当累人的刁难几乎无穷无尽，当我终于获得委派加入一个支部时，调查才告一段落。面对我遭受的持久敌意，更别提明目张胆的挑衅，我不得不彻底放弃在这条路上继续走下去的希望。我的那些超现实主义朋友，尤其是阿拉贡和艾吕雅，之前曾同时表现出和我相同的积极性，当时也出于自身的考虑，纷纷退缩了。

1　即《超现实主义革命》。

我现在知道，现实就躺在娜嘉脚下，仿佛一条奸诈的狗，在这样的现实面前，我们究竟是谁？我们究竟在什么地方才能好好生存，就这样听任象征之怒火侵袭，时而被类比之魔鬼折磨，眼睁睁地看着自己成为终极手段的特别关注对象？一劳永逸地被全部投射到远离地球之处，在陈旧的思想与没完没了的生活烟雾缭绕的瓦砾之上，我们究竟去哪里才能交换几道不可思议的默契目光？从第一天到最后一天，我都把娜嘉视为一个自由的精灵，就像空中的神明，施展某种法术可以将它捕获一时，却无法让它彻底臣服。

（《娜嘉》）

内心历险和个体创作与社会规范的较量——以"客
观偶然性"为特征的新精神——性欲与有选择的
爱——城堡街一瞥

回过头来看，布勒东先生，超现实主义者入党这件事，
似乎从一开始就是个误会。不过，在整整数年之中，您和您
的一些朋友仍在尝试继续这场对话。直到 1932 年，才起码
和所谓"官方"的共产主义彻底决裂了。有哪些重要转折标
志了超现实主义运动在 1927 年至 1932 年间的演变呢？

1927 年，不少超现实主义者在入党过程中遇到了各种
阻碍，这迫使他们几乎立刻就退缩了，这也在团体内部引起
了相当紧张的形势。当然，其中有过一些挫折，但团体中那
些经历挫折的人根本没把它当成最终的失败。他们觉得，他
们（尤其是身为《超现实主义革命》负责人的我）所遭遇的
敌意取决于某种迟早会消散的误解。在我们看来，之所以会
产生这类误解，仅仅是因为，那些被截然不同的问题所困扰
的人，没有能力哪怕稍微理解一下我们的精神立场，无法为
我们的做法所蕴含的普遍意义进行辩护，而这也是很自然

的。从 1928 年到 1932 年，我们一直抱有幻想，希望他们的怀疑能够平息。不过，在形成新秩序之前，有一些超现实主义者回避我们谈到的政治参与，还有一些人因为在社会行动层面上多少表现得有些冷淡而受到指责，这种挫折似乎为这些人提供了理由。这样的冷淡一旦供认不讳或者确凿无疑地表露出来，就会招致高票通过的驱逐令，就像阿尔托、苏波、维特拉克遭遇的情形。一切看起来，就像是在当时的超现实主义中，存在一种生死攸关的必要性，去预防某种天生的渐变，它会让我们重新落入文学与艺术层面，并将我们从此困在那里。同样，我们可以这么说，在许多年中，受到全面围捕的一个偏差便是：它使人把艺术当成一个避难所，并且无论以何种借口否认或单纯地质疑，人类的社会解放与我们的相关性都不如精神解放。

不过我觉得艺术的诱惑不是您应该担忧的唯一偏差吧，党也对你们的运动施加了道德和政治方面的压力，这造成的威胁一点也不少！

当然。所以，我们的强硬体现在两方面：一方面，反对回到开始的立场，即希望最初的超现实主义自给自足；另一方面，反对任何允许其成员重新加入政治革命党派而把超现实主义引向自毁的做法，借此消除一切冲突的动因。

后一种极端，我想，要不是当时纳维勒手忙脚乱地试图让我们陷入困境，我们是绝不会考虑的，更别说谈论了。至于纳维勒，他轻率地同意做出任何牺牲，我的意思是说，面对所有那些在政治方面张口结舌的人，他不断地提出各种论据，证明超现实主义和共产主义不可兼容，却在同超现实主义者打交道时对此只字不提，尽管当时其中不少人还是他的朋友。纳维勒尽其所能地让两方的靠拢彻底失去了可能性。从 1930 年到 1939 年，当他成为（托洛茨基主义的）第四国际[1]法国支部的领导之一时，也没有改变对待我们的这种态度。

你们的活动和党发生了对立，以及，早就摆明的一点是，党坚决不接受其框架内存在一个摆脱其部分控制的自主团体，这是否导致您开始质疑共产主义的原则，我的意思是马克思主义的基本观念呢？

这些富于战斗性的政治活动，尽管在加入过程中，我们经历了一些挫折，但对我们大多数人而言，这类活动的

1　第四国际是由流亡海外的苏联领导人托洛茨基及其支持者创立的国际性联合组织，1929 年托洛茨基被苏联驱逐出境后，他号召其各国支持者留在党内，作为左翼反对派纠正党的错误路线，在此理念基础上，1938 年 9 月在巴黎正式成立第四国际，与由斯大林控制的第三国际相抗衡。纳维勒一度与托洛茨基主义及第四国际走得很近，但在 1939 年之后感到失望并退出了组织。

前提依旧可以长期免受任何质疑。1935 年发表了一篇访谈，后来收入我的《超现实主义的政治立场》一书，我在其中明确表态，我们从未停止吸收辩证唯物主义的任何命题，并且我对这些命题一一列举，以此充分证明，我对它们没有任何排斥。我心中最开始出现疑惑，产生于西班牙内战 [1] 结束之后……但没有必要提前。

好吧，所以马克思主义的各种命题并未受到质疑，不过，这到底是因为超现实主义和马克思主义之间存在一种逻辑联系或内在亲和呢，还是因为您小心翼翼不去挑战这个最强大的有组织革命力量呢？

从这个角度看，关键是要弄明白，即便严格意义上的超现实主义活动在当时继续按其自身的计划（即内心的实验和历险）发展，它背后仍免不了一种担忧，那就是要避免同马克思主义发生根本性的冲突。事情就是这样，也许并不是因为我们的思维方法不可抗拒地引导我们去亲自找回并证实马克思主义的各种命题，而是因为马克思主义，至少在我们所处的年代，依然不容置疑地承担着解放被压迫阶级与人民的最大可能性。

---

1   西班牙内战发生于 1936 年 7 月至 1939 年 4 月。

无论谁曾经说过或者日后提出，超现实主义在这方面表现得颇为软弱，它应该呈现其自身的政治纲领，而不是寄希望于适应现存的纲领，这种论调或许在智识层面不无道理，但（依我看）在人类层面却是错误的。谈到全世界的社会改造，一些紧迫的思虑要优先于其他所有想法。这种改造所需要的工具是存在的，而且已经给出了明证，它叫作马克思—列宁主义。我们还没有任何理由假定它的锋芒遭到了腐蚀。

你们在试着同时进行（超现实主义的）内在活动和（政治的）外在活动，其间遭遇的种种困难似乎并没有导致你们表达手段的瘫痪……

没有。或许还相反。从 1926 年到 1929 年，各类超现实主义作品迎来了一个无比辉煌的繁盛期。阿拉贡发表了《巴黎乡巴佬》和《风格论》，阿尔托发表了《神经称重仪》，克勒维尔发表了《反理性的精神》，德斯诺斯发表了《为了哀悼的哀悼》和《自由或爱情》，艾吕雅发表了《痛苦之都》和《爱情，诗歌》，恩斯特发表了《百头女》，佩雷发表了《大游戏》，我自己则发表了《娜嘉》和《超现实主义与绘画》。从超现实主义的视角看，这同样也是造型艺术方面最突出的一个时期，因为它是阿尔普、恩斯特、马松、米罗、曼·雷[1]、唐吉创造力最旺盛的一个时期，毕加索也十分明显地向我们靠拢。

布勒东先生，您觉得，在一个更有利的氛围里，超现实主义团体是否有可能更深入地参与政治行动呢?

即使我们决定把所能掌握的所有手段都用于政治行动——当时我们毫不犹豫地称之为：革命行动——我想我们也做不到，我们迟早会再次陷入超现实主义的吸引（这些作品足以证明），这种吸引在当时表现得极其强烈，很可能具有不可抑制的性质。或许是因为我们当时还非常年轻，根本克制不住我们身上的玩兴，或许是因为我们无权让自己转身背离那些预先吸引过我们的前景，我们不由自主，只准备把一部分精神献给充满理性与纪律的活动。在一切领域内展开历险，这种爱好从未被我们放弃，我指的是语言中的历险，以及街头或梦中的历险。像《巴黎乡巴佬》和《娜嘉》这样的作品，都清楚地呈现出这种精神氛围，那就是把游荡的爱好推向极致。一种不间断的寻觅畅通无阻：它要去目睹并揭示表象之下掩藏的东西。一场意料之外的相遇，标志着这种

1　曼·雷（Man Ray，1890—1976）：美国艺术家，对当代摄影影响深远。1917年与杜尚、皮卡比亚在纽约一同开创了"纽约达达"团体。1921年移居巴黎，认识了巴黎的达达主义者和超现实主义者，与布勒东交往密切。

寻觅的顶峰，而相遇，总是倾向于或明或暗地呈现出某种女性特质[1]。

这种对偶然的喜好，这种对意外的期待和追求，标志了超现实主义运动中的一个历史性时刻，您能否细说一下，它们究竟是如何产生的？

对于我们中的许多人而言，这种态度在超现实主义运动诞生之前就存在了。它在苏波和我联合创作的一出"戏"里已经得到了表达，那是达达演出活动期间，在作品剧院上演的《拜托您》[2]，剧本在 1920 年的《文学》杂志上也发表过。该剧的主角，莱托瓦勒先生，完全沉迷于这点："我时不时地，"他说，"在两栋房子或广场的四棵树之间来回踱步数小时。路人笑我急躁，但我没在等人。"确实，他真的没在等人，因为他没做过任何预约，但是，由于他采取了这极易被人接纳的姿势，他打算以此为偶然提供帮助，怎么说呢，就是以一种优雅的状态让自己与偶然置身一处，好让某事发生，让某人出现。在 1922 年年初的《文学》杂志

1　例如《娜嘉》中主人公与女主角娜嘉在街头的偶遇。

2　《拜托您》是布勒东与苏波合写的一部戏。全剧分为四幕，前三幕的故事各自独立，第四幕没有剧本。莱托瓦勒是第二幕的主角。在 1920 年 3 月 27 日的达达演出活动中首演。

上，阿拉贡和我都提到，我们在同一天晚上，分别与同一位年轻女子极其短暂地相遇，她的风姿在我们看来无与伦比，而我们徒劳地试着重新找到她。那篇文章的题目叫作"新精神"（之后被收入《迷失的脚步》），这足以表明我们赋予它的重要性。我们在那里追踪着，或不如说窥伺着，用黑格尔的话说，这种"客观偶然性"[1]，而我则不断留意其各种表现，不仅在《娜嘉》中，还包括在后来的《连通器》和《疯狂的爱》里。

一个有点幼稚的问题，不过我希望您的回答能够让人忘掉它的语气：您为什么把一种如此特别的兴趣投向俗称的巧合呢？

因为，从哲学上讲，我觉得客观偶然性（它无非是由这些巧合组成的几何轨迹）构成了我眼中"难题中的难题"的症结之所在。它涉及如何说明"自然必然性"与"人类必然性"[2]之间存在的关系，以及相应地，必然性与自由之

1　在《连通器》中，布勒东也曾引用过"客观偶然性"这一表述，称其来自恩格斯的著作，但无论在恩格斯或黑格尔的著作中，都找不到"客观偶然性"这一说法，多半是布勒东本人的发明。

2　布勒东在《疯狂的爱》中做过更清晰的定义，"逻辑必然性"（即此处的"人类必然性"）是内在的，"自然必然性"是外在的，二者的相遇产生客观偶然性。

间存在的关系。我看不到有什么办法可以说得不那么抽象。这个难题大概只能以如下方式提出：为何在人类精神中，出于不同的因果关系而产生的现象，有时会相遇乃至融合（说实话这极其难得），为何那样的融合产生的闪光是如此强烈，但也如此昙花一现？只有无知才会让人相信，这些操心纯属神秘主义。如果我们想起恩格斯本人说过，"因果关系只有与客观偶然性（它是必然性的表现形式）的范畴联系起来，才能得到理解"，那么我们也要把恩格斯当成神秘主义者了。谁要是想对该问题有个更清晰的看法，我觉得，不妨去查阅 1933 年《弥诺陶洛斯》[1] 上我为一份调查问卷所写的开场白。这份由艾吕雅和我一起发布的问卷是这样的："您能否说说您生命中的重大相遇？——这场相遇在何种程度上带给您意外或必然的印象？……"超现实主义推出的其他调查也在事后受到好评："您为何写作？"——"自杀是一种解决之道吗？"——"您独处时做什么？"（有意思的是没有人回答最后一个问题），不过，回过头来看，关于"相遇"的调查最得我心。

---

1 《弥诺陶洛斯》是一本超现实主义杂志，融合了造型艺术、诗歌、音乐、建筑、神话、精神分析等多个领域，1933 年由阿尔贝·斯基拉与泰里亚德在巴黎创刊，1939 年停刊。斯基拉在创刊阶段详细征求了布勒东的意见，之后布勒东也成为该杂志的编委会成员之一。

您似乎，至少在当前的认知状态中，赋予了相遇一种魔法功能。《娜嘉》这样的作品难道没有在这方面构成您思想的最佳例证吗？

一种魔法功能，没错，尤其是因为对我来说，这种"相遇"观念所能达到的巅峰时刻，以及它极致的实现可能，都自然而然地体现在爱情之中。甚至，任何其他层面的启示都无法与之匹敌。我前面提到的那次调查的对象，或许就是爱情，而且只能是爱情，哪怕有时经过了伪装。事实上，我觉得，《娜嘉》这样的作品就是为了清晰地确证这一点。书中的女主角拥有一切所需的手段，她的存在真可谓是为了把对神奇的一切渴望都集中到她身上。不过，她对我施展的所有诱惑仍停留于智性范畴，并未分解为爱情。她是一名女魔法师，但她的全部魔力，作用都不如全书末尾一位过路女子让我激起的那种简单纯粹的爱意。而且，环绕在娜嘉身上的那些魔力，有可能构成了心灵战败后精神的报复。我们已经在著名灵媒埃莱娜·史密斯的案例中目睹了某种类似的东西，在《从印度到火星》和《梦游症病例新议》[1]中，她记录了从一个星球到另一个星球的神奇巡游，似乎就是为了，不

1　《从印度到火星》和《梦游症病例新议》都是瑞士心理学家泰奥多尔·弗鲁努瓦的作品，前者发表于1900年，后者发表于1901年，专门记录了他对灵媒埃莱娜·史密斯的长期观察。相关内容见第六章注释。

惜任何代价地，把泰奥多尔·弗鲁努瓦的注意力集中到她一人身上，后者在观察她，但她未能让他爱上自己。

所以在那一时期，超现实主义者重要的灵感来源就是爱情吗？

是的。除了对支配我们的革命行动的深刻欲望，当时超现实主义所特有的一切狂热主题都朝着爱情汇聚。"对爱情放手"是一本超现实主义小册子的标题，其目的是驳斥查理·卓别林[1]遭受的"伤风败俗"指控，因为我们尊崇他为头号"爱情捍卫者"。艾吕雅、德斯诺斯、巴隆在这一时期发表的最美丽的诗都是爱情诗。这种爱情观念被我们赞扬到了极致，它拥有推翻一切阻碍的能力。有一位年轻教士，根根巴赫[2]，给《超现实主义革命》写信，声称自己出于对爱

1　查理·卓别林（Charlie Chaplin，1889—1977）：英国著名喜剧电影演员。1924年，卓别林在拍摄电影《淘金记》期间与年仅16岁的少女丽塔·格雷（Lita Grey，1908—1995）发生了性关系，随后结婚，1928年，二人离婚，卓别林必须向丽塔支付破纪录的八十万美元抚养费，轰动一时，之后，媒体披露出二人婚姻生活的更多细节，导致了一场公众抵制卓别林的运动。超现实主义者对卓别林表示支持，并发布《对爱情放手》一文以示声援。布勒东、阿拉贡、艾吕雅、恩斯特、德斯诺斯、佩雷等人都在文章末尾签了字。

2　恩内斯特·德·根根巴赫（Ernest de Gengenbach，1903—1979）：法国教士、作家，参与过超现实主义运动。在1925年1月的《超现实主义革命》第2期上，他读到了一个关于自杀的问卷调查，他完成了问卷并给杂志社致信，由此与布勒东结识。来信则被完整登载在《超现实主义革命》第5期上。

情的绝望而企图自杀，他受到了我们大多数人的热情接待。在1928年的"癔症五十周年庆"[1]上，阿拉贡和我庆祝了什么？那是"萨尔佩特里埃尔医院[2]档案"向我们披露的"激情态度"，是恋爱中的女子货真价实的鲜活画面。《超现实主义革命》在1929年年底停止发行，但倒数第二期的重头戏，则是一场"关于性欲"的极其自由的调查，发起调查的超现实主义者意图确定这一领域可能存在的"客观内容""个体决定"和"意识程度"。最后一期杂志则以另一场更为重要的综合调查收场。该调查至今仍然开放，甚至可以面向我们今晚的每一位听众。问题如下：

您对爱情抱有何种希望？您如何看待从爱情理念到爱情事实的转变？您会为爱情牺牲您的自由吗？您做过这样的牺牲吗？如果在您看来必要的话，为了不愧对爱情，您会牺牲您此前认为有责任捍卫的事业吗？您会接受自己没有成为您能够成为的人吗，如果那就是您为了完全享受爱的确定性而不得不付出的代价？您如何评判一个男人为了取悦他爱的女人而背叛其信念的做法？我们能够要求、能够获得这样一

1　1878年，法国著名精神病学家夏尔科对癔症进行了明确定义，超现实主义者认为这一成就具有重大的科学与诗学意义，因此在1928年组织了一场"癔症五十周年庆"，并撰写了纪念文章，发表于《超现实主义革命》第11期上。

2　萨尔佩特里埃尔医院是夏尔科工作的医院，后来成为法国精神病学的研究重镇。

种抵偿吗？

如果您知道缺席对于爱情有多么刺激，但也清楚这种盘算的平庸，您觉得您有权让自己暂时失去您所爱的人吗？

您是相信奇妙的爱情胜过卑劣的生活，还是相信卑劣的生活胜过奇妙的爱情呢？

我们还没提到的一件事，以及我觉得一直以来颇有意思的事情就是，如果当时，那些超现实主义者，就整体而言，从理论和抒情的角度，一致承认人类的至高目标，甚至超越其他所有目标的目标，就在于有选择的爱，那么，他们中的某些人，距离每天不愧对这个理念还差得很远……

您为何使用"愧对"一词？您赋予了它一种道德意味吗，究竟是何种道德意味呢？

今天，也就是在我这个年纪，我使用"愧对"一词，因为后来我获知了某些隐情，但并不赋予它任何传统的道德意味。不过，对于有选择的爱，放荡是最坏的敌人，它让爱情所需的升华变得不可能了。不论是谁，回首他这方面的记忆，眼看上百甚至上千个与他"做过爱"的女人化作无名的茫茫众生，只会对有选择的爱（在此我采纳了相关人士的证词）产生一种十分模糊又十分短促的怀念。这样的爱，他心知肚明，已无可挽回地逝去了。1947年，在我的作品《秘术17》[1]第二版的"洞眼"里，我重提了这一难题，我说："在爱情中，我选择了充满激情的独占形式，对于一切可以被归为妥协、任性与迷狂的东西，我都倾向于在爱情旁边予以禁止。我知道，这种观点偶尔会显得狭隘，专断到充满局限，而我早就不辞辛劳地进行过有效论证，好在它撞上怀疑论者和多少有些明目张胆的浪荡子时予以辩护。说来惊人，我能够通过经验证明，在超现实主义中，绝大多数突如其来的争吵，虽然往往以政治分歧为由，却并非像有人影射的那样，是被私人问题激化的，而是由于在这一点上的分歧难以克服而加剧的。"

无论我还能活多久，我都确信自己不会收回这些话。

对于那些了解您的人来说，这几乎没有疑问！不过，您对于"有选择的爱"的构想，和超现实主义者对于例如萨德之流的欣赏之间，存在明显的矛盾；我想您肯定可以轻易打消这方面的歧义吧？

---

1 《秘术17》是布勒东1945年出版的一部作品，是布勒东最复杂的作品之一，融文学、政治、神秘学为一体。1947年，布勒东对《秘术17》进行了增补，新增的部分被他命名为"洞眼"（ajours），意思是物品上的开口和孔洞，同时这也是一个文字游戏，在声音上与"增补"（ajout）和"面世"（à jour）相同。

如果超现实主义把"骑士"爱情（这种爱情一般被归于纯洁派传统）的意义带到了顶点，那么它也经常不安地关注着与之相对的最低点，正是这种辩证方式让萨德的才华像黑太阳一样对其闪耀。瓦莱里不是说过"色情和真实从来相距不远"吗？波德莱尔的《颂歌》、热尔曼·努沃的《爱》、艾吕雅的《女情人们》或佩雷的几乎整部诗集《我升华》，[1]这些诗作都处于极高的层次，如果要维持这种层次，那么这种达到炽热状态的爱情很快便倾向于脱离肉体。火焰奇妙而耀眼的光芒不应对我们隐藏它的构成元素，让我们避开一条条往往遍布毒气的深邃矿道，不过其中依然可以采掘它的实质，如果我们不想火焰熄灭，这种实质就必然会将其维持下去。正是基于这样的观点，超现实主义才竭尽所能地打破各种禁忌，因为这些禁忌阻止我们自由地对待性欲的世界，一切性欲的世界，包括性倒错在内——后来我不禁要说，"尽管萨德和弗洛伊德做过一些令人难忘的探测"，但那样的世界"据我所知，还在不断把它牢不可破的黑夜内核与我们穿透宇宙的意志对立起来"。

当时，阿拉贡处在一个截然不同的层面，回首再看，我觉得那是精神编舞术的层面（远在所有人的理解范围之

1　《颂歌》出自波德莱尔 1857 年出版的诗集《恶之花》。《爱》出自努沃 1904 年的诗集《学会爱》。艾吕雅的《女情人们》最初发表于 1929 年第 12 期《超现实主义革命》。佩雷的《我升华》出版于 1936 年。

外），阿拉贡表现出其全部的分寸，甚至在《风格论》中超越了自己。1927 年夏，他在诺曼底的瓦朗日维尔整理《风格论》的书稿，离美丽的海盗老巢昂戈古堡[1]不远，而我正住在古堡里试着确定《娜嘉》的音调。他规定自己每天写十页左右，这项工作几乎花不了他半个小时，如果这些轻而易举达成的体操成绩能被称为工作的话。每天下午，他都在普尔维尔海滩[2]边上，对着一杯"亚历山大"鸡尾酒，不厌其烦地向我朗诵文稿。我记得他对自己收藏的领带极为得意，大约有两千条，旅途中也随身携带。天上总有一整道彩虹……

所以我们可以这么认为，在这一时期，虽然有过一些内部骚动，表现为好几次开除事件，但超现实主义并没有受到太大的影响？

如果说，在我们谈论的这一时期，为了避免多少有些严重的偏移，在超现实主义团体中采取了一些阴沉的举措，

1　昂戈古堡位于法国北部诺曼底的瓦朗日维尔，是一座十六世纪的庄园。庄园最初的主人让·昂戈（Jean Ango，1480—1551）是诺曼底的著名船长，当过海盗，收获甚丰。阿拉贡和布勒东都曾在此地暂住，1927 年 8 月布勒东在此地完成了《娜嘉》的修改。

2　普尔维尔海滩位于瓦朗日维尔以东约三公里。

我之前已经提到开除阿尔托、苏波和维特拉克，之后还有其他人，但我们的队伍还远未到失血的地步。在那些最引人注目的新成员中，就有伊夫·唐吉、雅克·普莱维尔、雷蒙·格诺[1]，我还没有机会介绍他们，必须让我们回到1925年。说实话，后两位只是偶尔参加一下超现实主义的外部活动，他们不为人知地等待着，直到下一阶段被一一置于聚光灯下。届时他们将高调地与超现实主义阵营决裂，同时仍在许多方面忠实于运动的精神。

不过，超现实主义也在这一时期展现了前所未有的有机统一性，并经历了一种无比剧烈的沸腾。当时，我们的夜间聚会往往选在城堡街54号[2]举行，那是一栋如今已经拆除的老宅。于斯曼曾在《瓦塔德姐妹》中令人难忘地描述过这个街区，正是在这个街区的中心位置，马塞尔·杜阿梅尔收留了他的朋友普莱维尔和唐吉，当时他还没有策划发行他的"暗黑系列"与"苍白系列"[3]。佩雷和格诺也曾自费在那

1　雷蒙·格诺（Raymond Queneau, 1903—1976）：法国作家，1924年加入超现实主义团体，1930年被开除。

2　城堡街54号位于巴黎南部的蒙帕纳斯，是超现实主义作家杜阿梅尔的住处，之后成为超现实主义团体的聚会场所。普莱维尔、唐吉、格诺在经济困难时也曾被杜阿梅尔收留于此。

3　"暗黑系列"是杜阿梅尔1945年在伽利马出版社策划的一套丛书，内容主要是侦探小说，系列名称是普莱维尔取的。"苍白系列"的内容与"暗黑系列"类似，是杜阿梅尔1949年在伽利马出版社策划的另一套丛书，内容主要是警匪小说。

栋房子里长住。绝对的不守成规、彻底的出言不逊以及最精彩的幽默风趣主宰了此地。一个角落贴满了电影海报：吸血鬼的眼神和拔出的左轮手枪，还设有一个酒水供应充足的小吧台。房子里有八九只猫，它们受到了无微不至的照料。海蓝色的玻璃后面还养着一些青蛙。我不知道还有什么酝酿期比这更轻松了，它后来催生了《试述法国巴黎的一顿人头晚餐》《我不吃这一套》或者《风格练习》[1]。这是超现实主义意义上名副其实的幽默蒸馏器。

---

1 《试述法国巴黎的一顿人头晚餐》是普莱维尔创作于 1931 年的一首长诗。《我不吃这一套》是佩雷出版于 1936 年的一部诗集。《风格练习》是格诺出版于 1947 年的一部文集。

行动和梦想之间存在难以修复的对立，未来的诗人会克服这种消沉的观念。他会递来根系错杂的树上长出的美妙果实，并知道如何让那些品尝果实的人相信它一点也不苦涩。乘着其时代的浪潮，他会第一次毫不悲伤地担负起使命，去接收并传递岁月深处向他发出的召唤。他会不惜一切代价让人类关系中的两极保持对峙，而这种关系一旦破灭，最珍贵的战利品——对于现实及其内在发展的客观意识——就会立刻失去价值：在这种客观意识中，一方面凭借个体的感觉，另一方面凭借普遍的感觉，如果情况不变，它便始终充满魔力。

（《连通器》）[1]

1　《连通器》是布勒东出版于 1932 年的一部文集，他试图在这本著作中证明，现实世界与梦境世界是一体的。同时，布勒东认为，梦境与现实的统一需要深刻的社会变革，而在革命之外，他试图找到"人类的永恒归宿"。

1830[1] 百年祭在超现实主义内部的暴力印记——后浪推前浪——《服务于革命的超现实主义》[2]

从 1929 年到 1933 年，超现实主义经历了它最动荡的阶段，无论是在主动还是被动的意义上。此后，常有人说，这种动荡是严重内部矛盾的必然产物。甚至，如果采纳不少后来关注此问题之人的说法，这种矛盾无法克服，而超现实主义只能做出过激反应。您个人如何评判这个危机时刻呢？

好吧，即便到了今天，也没有什么观点和我的看法更加对立了。这种矛盾并不存在于精神层面。这不是因为我们感觉自己被一项语言表达层面的特殊使命"召唤"了，然后便有资格推进与之相关的难题，也不是因为我们不得不对社会痼疾无动于衷，对治疗手段不感兴趣。不过，这些手段都

1　1830 年法国爆发了七月革命，推翻了国王查理十世，成立了新的君主立宪政体。著名画家德拉克洛瓦的名作《自由引导人民》描绘的背景便是七月革命。

2　《服务于革命的超现实主义》是继《超现实主义革命》之后超现实主义团体创办的另一份杂志，起因与布勒东和阿拉贡的政治立场分歧有关。从 1930 年至 1933 年一共出版了 6 期。

是存在的、现成的。至少在否定的层面上（废除一个所谓的"资产阶级"体制，极度不公平现象的扩散根源），这些手段已经得到了证明。如果我们没能不怀着不安考虑新机构的运转（托洛茨基加入反对派已有数年，之前他不得不流亡国外），那么在我们看来，这些手段还没有从本质上受到损害。

但我想，这场在共产国际领导下产生的危机，远没有被超现实主义当成无关紧要的问题吧？

当然！在这方面，1929年3月11日召开的全体会议，又名城堡街会议，提出的讨论议题依旧相当重要："批判性审视列夫·托洛茨基的近况。"事实上，这个话题甚至未能涉及，因为一个个成员的个体行为事前引起了太多问题，一下子就制造了极度紧张的情境。回过头来，我也看不到别的可能。会议不得不从确认每个人的"道德鉴定"开始，因为我们想要避免某些人只做纯粹口头的承诺，一有机会就背信食言，这样的情况不是没发生过。不要觉得我们太过吹毛求疵。比如，要怎么看待《大游戏》杂志[1]的一位合作者？他

_____

1 《大游戏》杂志是一份文学刊物，在1928年至1930年间一共出版了3期，编委会成员包括勒内·道马尔、罗杰·瓦扬、罗杰·吉贝尔-勒孔特等。布勒东一度与《大游戏》团队成员来往频繁，并希望他们能够与超现实主义团体进行合作，但之后由于《大游戏》团队成员认为布勒东为了政治牺牲了超现实主义的实验性，双方产生巨大分歧，布勒东不得不在1929年3月11日召开城堡街会议对此进行研讨。

出席了那场会议，装作和我们志趣相投，但此前不久，他刚刚在《巴黎午报》上发表署名文章，替信奉法西斯思想的警察局长奇亚普[1]辩护。这能容忍吗？不久之前，我想是在 1947 年，又是这个人，成为斯大林主义者，发表了一篇檄文，题为"反革命的超现实主义"。真不想点他的名，他叫罗杰·瓦扬[2]。他给我寄过死亡威胁信，因为我在公开回应里，只提及了他整个光辉生涯中的这段插曲……

您在这段时间创作的某些文本，向我们清楚地展示了超现实主义内部弥漫的紧张和狂热。今天，您难道不觉得，某些表达的激烈程度已经超出您当时想要痛斥的偏移或过错了吗？

为了让知识分子兼具革命意识，这份努力主要是由阿拉贡、福里耶、佩雷、格诺和我坚持的，不可否认它有所成果，即便今天看起来这种成果既苦涩又可疑。我不认为它完成起来会伴随着令人向往的心平气和。面对各种多多少少有

1　让·奇亚普（Jean Chiappe，1878—1940）：法国政客，1927 年开始出任巴黎警察局局长，积极镇压共产主义示威活动，与极右翼政客过从甚密。

2　罗杰·瓦扬（Roger Vailland，1907—1965）：法国作家，二十世纪二十年代末与超现实主义团体交往密切，但由于向奇亚普致敬遭到布勒东痛斥。二战期间参与了抵抗运动，战后加入共产党。

意识的回避和抵制，它不得不以发怒过头的方式传达出来。十五年之后重新思考这件事时，我有点后悔，因为我当时听任自己被论战层面无用的暴力所吸引。这份悔意写进了《超现实主义第二宣言》（简称《第二宣言》）[1]的《告读者》里，收入了1946年的《宣言》合集。

在这篇《告读者》中，我还强调，情节情有可原：当时受打压最严重的人，必定是背负着超现实主义最多期许的人，比如阿尔托和德斯诺斯。为了不惜一切代价避免我们激进的锋芒钝化，关键是要警惕，不能让个体生命的难题妨碍我们寻找共同的解决方案。我再补充一句，如果说这段时间前后，在超现实主义内部，表达的激烈程度有时候看起来与它所痛斥的偏移、过错或"违规"不成比例，那么这一方面要归咎于时代的不安，另一个绝不可忽视的方面，则要归咎于马克思主义文学相当程度的官方影响，因为它提倡使用一切武器让敌人丧失战斗力。

没错，但超现实主义内部隐含的各种冲突似乎在1929年就堪比殊死搏斗了，难道不是吗？

这是真的。不过，在《第二宣言》里，当我抨击那些

---

1 《超现实主义第二宣言》撰写于1930年。

我曾经信任的人时，我心里并不好受，我和他们或多或少也志同道合过一段时间。让智力活动介入集体层面，其最大的弊端就是，必须让人情方面的顾虑服从于这种活动不惜一切的追求。当时，我迫切需要对各种偏移指令做出回击。停滞不前是其中一种，它可能源于过度自满（当时我本质上就是这么谴责德斯诺斯的）；另一种偏移则导致了社会领域的弃权，同时让人重新回到文学、艺术的层面（例如，在我看来，阿尔托和马松就是这种情况）；还有一种偏移倾向于抛弃超现实主义的特定诉求，无条件地转向政治活动（这是热拉尔和纳维勒煽动的做法）。当我着手对这些倾向进行审判时，我也毫不克制地指责了某些起决定性作用的个人举动。这显然是《第二宣言》中最次要、最不经久的部分。或许，为了理解宣言中的理念，有必要斩断某些牵扯，以便继续前进。也有可能，就我而言，某些过分严厉的判断，某些夸大其词的表述，皆可归因于一种神经紧张，它不仅和超现实主义观念的危急境况有关，还和我私人生活的某种动荡有关，对此，我已在《连通器》里有所提及。

　　而且，如果可以这么说的话，您已经为这种不妥协付出了许多！您能否告诉我们，在当时，您的立场引起了怎样的反应？

大多数被我抨击的人，伙同其他几个加入者，给我做了一本小册子，标题复制了法朗士死后不久发行的那篇檄文的题目"一具死尸"[1]。对我的辱骂几乎不留情面。而且，那些署名者并不善罢甘休，他们十分固执，试图通过我身边的人来进一步伤害我，并且是以匿名途径：夜间打骚扰电话、清晨送葬礼花圈……

但《第二宣言》的大部分内容超越了这些带有论战意味的题外话。我们尤其注意到这一段，它被引用过无数次，把超现实主义活动的目的规定为，"在思想中确定一个点，在那里，生与死，高与低，真实与虚构，过去与将来，可言传的与不可言传的，都不再相互矛盾"。而且，延伸出来的"各种运动"迎来了一句话："我要求把超现实主义真正地深入隐蔽起来。"我觉得这两句话值得做点评论，如果您愿意的话？

当然了。这个"点"解决了一切折磨我们并使我们绝望的二律背反，在我的作品《疯狂的爱》里，它被我命名为"至高点"，意在纪念下阿尔卑斯省的一处绝妙风景，不用说，它绝不能被定位于神秘主义层面。无须多言，这种克服二律

1　1930 年，佩雷、德斯诺斯、格诺、莱里斯等十二人署名发表了《一具死尸》，对布勒东进行了激烈抨击。标题戏仿了六年前布勒东对法朗士的嘲讽文章，内容详见第七章。

背反的观念会具有"黑格尔式"的意味。毋庸置疑，正是黑格尔，别无他人，把我置于察觉这个"点"的必要处境之中，为此，我倾尽全力追求这个"点"，并把这份倾心作为我生命的目标。关于黑格尔的全部作品，无疑有行家比我厉害得多：随便哪个专业人士在这方面的阐释都能胜我一筹。1912年左右，我的哲学老师，一名实证主义者，安德烈·克雷松[1]，我通过他对黑格尔的冷嘲热讽，模糊地知道了这号人物。而自从我接触黑格尔以来，我就沉浸于他的观点，并且对我来说，他的方法让其他所有方法相形见绌。对我而言，黑格尔的辩证法在哪里失效，思想和真理的希望就在哪里消失。只有这辩证法的全部阀门在我身上开启，我才能确认：黑格尔思想的涌现位置，和"传统"思想的显露位置，相距并没有那么远。对我来说，两者倾向于成为唯一而且相同的位置……至于将超现实主义隐蔽起来的要求，我们涉及了一个意图含糊的表述，而上下文说得比较清楚：一方面是防止自我炫耀，防止"登台显摆"；另一方面是邀请人们把未来的超现实主义讯息与秘传讯息进行对比。在《第二宣言》里，有许多地方提及占星术、炼金术和魔法；它们足以表明，和超现实主义当时的诋毁者们所主张的相反，此类兴趣并不新鲜，硬要说

1　安德烈·克雷松（André Cresson，1869—1950）：法国哲学家，曾在多所中学任教，布勒东、雷蒙·阿隆、列维-斯特劳斯都做过他的学生。

它们标志了我思想的新近转折，更是无稽之谈。

1930 年，您创办了一份新刊物，名为"服务于革命的超现实主义"。这让人觉得，之前向您发起的猛攻并没有给您造成太大伤害，您身边仍然留下了不少拥护者……

事实上，拥护者并不缺。如果说，1930 年《一具死尸》的发表标志了我同许多第一批或第二批超现实主义者的决裂，那么从集体活动的角度看，它并未导致任何能量损耗。我被泼了不少脏水，如今看来，再没有人能做出比那更过分或一样过分的事，况且，那还一直没完，但反过来，我的老伙计们，阿拉贡、克勒维尔、艾吕雅、恩斯特、佩雷、唐吉，仍在支持我：他们一致同意公开声明，"《第二宣言》为评估超现实主义内部已经死去的东西和愈发鲜活的东西提供了全然的保障"，并且"精神的权利与义务之总和"也在其中得到了厘清。如果说，失去尤其像普莱维尔和格诺这样的合作者以及他们的友情令我无比痛心，那么一些十分活跃的新成员登场，则在一定程度上有所弥补：布努埃尔[1]和达

---

1 路易斯·布努埃尔（Luis Buñuel，1900—1983）：西班牙电影导演，将超现实主义手法引入电影，达利的好友，1929 年与达利合拍短片《一条安达卢西亚的狗》，表现了超现实主义的独特场景，1930 年又与达利合作拍摄了电影《黄金时代》，引起了超现实主义团体的高度重视。

利[1]，勒内·夏尔[2]，萨杜尔和蒂里翁，还有另外几个人，也加入了这份支持我的声明。当时查拉和我重归于好，多半是出于他的战略考虑。不管怎样，怀着上述人物给我灌注的信心，并应他们的正式委托，我在1930年担任了《服务于革命的超现实主义》杂志的主编。

这份新刊物办得怎样？它在何种程度上同意服从党的纪律，又在何种程度上保持独立呢？

光是这份刊物的标题，就在政治层面上标志了一种相当可观的让步，而第一期开篇发表的一封电报更是强调了这一点。在这封致莫斯科国际革命文学所的电报里，超现实主义者，面对苏联遭受的"帝国主义侵犯"（可见这个口号由来已久），宣誓服从第三国际的指挥。不过，不管在这方面表过怎样的忠心，彰显出我们同无产阶级事业的绝对团结，超现实主义的探索仍以完全独立的方式继续进行，甚至可以说，它在这一时刻达到了高潮，伴随着如此的辉

1　萨尔瓦多·达利（Salvador Dalí，1904—1989）：西班牙画家，1929年加入超现实主义团体，布勒东在发表《第二宣言》时，将达利视为重要的超现实主义代表人物之一。

2　勒内·夏尔（René Char，1907—1988）：法国诗人，1929年加入超现实主义团体，参与过二十世纪三十年代初的许多团体活动，并与布勒东和艾吕雅合作完成诗集《施工缓行》，1934年之后逐渐与团体疏远。

煌，实现了从未有过的完满。如今看来，在所有的超现实主义刊物里，1930 年至 1933 年依次推出的六期《服务于革命的超现实主义》，我想，是我们所理解的意义上，最丰富、最均衡、最精巧，也最生动的（关于一种既刺激又危险的生活）。正是在那里，超现实主义展现了其火焰的所有潜力：有段时间，我们只看见这团燃烧的火焰，而且不怕被它烧尽。

从那时起，这团火焰就发出了一道光芒，与您赋予它的强度相符？

不得不说它的光芒既强烈又有点迷人，因为从那一时期开始，各种超现实主义团体，或是与其性质高度相似的团体，纷纷在法国境外成立，并表现出与我们多少还算紧密的联系……在比利时，受到努热、梅桑和马格利特[1]推动，在南斯拉夫是里斯蒂奇[2]，在捷克斯洛伐克则有泰奇、奈兹瓦尔

---

1 保罗·努热（Paul Nougé，1895—1967），比利时诗人；爱德华·梅桑（Édouard Mesens，1903—1971），比利时作家；勒内·马格利特（René Magritte，1898—1967），比利时画家。1926 年，三人在比利时布鲁塞尔建立超现实主义团体，和布勒东联系密切。

2 马尔科·里斯蒂奇（Marko Ristić，1902—1984）：南斯拉夫超现实主义诗人，1923 年起与布勒东建立了联系，并将《超现实主义宣言》等文章引入南斯拉夫文学圈，二十世纪三十年代初在贝尔格莱德建立超现实主义团体。

和托伊恩[1]，还有在加那利群岛、秘鲁、日本——自那时起，就有了超现实主义刊物在全世界的盛行。还有，趁着安的列斯合作者创办的亲超现实主义杂志面世[2]，我们与儒勒·蒙内罗建立了十分持久的关系。

这一时期的超现实主义，在我看来就像一艘断桅的华丽帆船，它既会时不时触礁，也会胜利抵达一片土地，那里终会让人认出兰波所谓"真正的人生"。风暴包围在它外面，但也存在于它内部。此前，它可以从一个封闭的路线中寻求历险，现在它已完全摆脱了。那些参与者的生活越是极度暴露，就越是激情洋溢。

您说的"暴露"是什么意思？

当时断掉的不只是通往"文学"世界的桥梁，还有连接文明的守旧主义的纽带，不管后者采取了何种狡诈的形式。对于这种精神倾向的最好说明，莫过于布努埃尔和达利

1　卡雷尔·泰奇（Karel Teige，1900—1951），批评家；维杰斯拉夫·奈兹瓦尔（Vítězslav Nezval，1900—1958），作家；托伊恩（Toyen，1902—1980），画家。他们经常前往巴黎，与布勒东等人交往密切。1934年，他们建立了捷克斯洛伐克超现实主义团体。

2　1932年，加勒比海地区马提尼克岛上的一批青年知识分子创建了《正当防卫》刊物，宣扬唯物辩证法和超现实主义，仅发行了1期。于勒·蒙内罗是杂志的供稿者之一。

合拍的电影《黄金时代》，今天我们还能在电影俱乐部里回看这部影片，只为确认它的辛辣没有减退半分。这部影片尊重过什么呢？一如既往，那是最肉欲的爱情，被鼓吹至狂热的自由，以及在一种既无责任也无惩罚的道德框架下，推崇一个能够悲怆地进入某些生命瞬间的人。我仍然记得，那是1930年12月4日上午，"28号演播室[1]"放映《黄金年代》的情形，示威者在头天晚上就留下了被泼上墨渍的屏幕，被愤怒砸烂的座椅，门厅内被刀子挨个划破的超现实主义画作。这些好事是两个协会干的，它们自称为"爱国者联盟"和"反犹太联盟"。在那里，我们可以亲眼测出，那道把我们和"正统思想者"或以此自我标榜之辈分开的深渊到底有多深。

所以萨尔瓦多·达利就在这个暴力时期出现了。他难道不是这一时期的产物及其典范表达吗？

达利？当然了，他最早的超现实主义油画《欲望的居所》《照亮的快乐》《凄凉的游戏》都具有一种震撼人心的特点。尽管我们后来不由对其学院派技法抱有几份保留，而他

1　28号演播室是位于巴黎蒙马特的一家艺术影院，1928年开业。1930年放映《黄金时代》期间遭到严重破坏，最终导致影片被扣押并禁止放映。

则自辩说他以"梦中影像的错视化摄影"为使命，但不可否认，画作中充满诗意和幻想的内容具有一种非凡的密度和爆破力。不管怎样，自从马克斯·恩斯特 1923 年至 1924 年的作品，如《夜之革命》和《两个孩子受一只夜莺威胁》，以及胡安·米罗 1924 年的作品，如《开垦过的土地》和《小丑的狂欢》以来，还没有什么画作呈现出类似的启示性。也没有任何东西在精心打造与严格调配方面，比得过达利特意夸耀的"妄想狂批判活动"，他把这种活动再准确不过地定义为："非理性认知的本能方法，其基础是，对于狂乱联想与阐释系统性、批判性的实体化。"

那么，能否说萨尔瓦多·达利"发明"了他的方法呢？

与其说他是发明者，不如说他是推广者：事实上，我们知道，这套方法源于达·芬奇的教导，后者要求弟子一动不动地注视旧墙壁上的斑点，注视灰尘、云彩、溪流，直至从它们的肌理中浮现战争、风景和幻想场面。早在 1925 年，马克斯·恩斯特就率先在这方面做出了积极推动，甚至使用了"拓印"法，让这种古老的手段焕然一新。不过，达利决心单纯依靠视觉化模式，有一段时间，他接连大获成功。这些画作的价值远高于它们如今在美国享受的名气，它们也并非那场一往无前的探索中唯一的战利品。一方面，这场探索为我们带来了《一条安达卢西亚的狗》和《黄金时代》，两部在我看来最完备的超现实主义电影，另外，它还为我们提供了许多一流的抒情佳作，包括《可见的女人》《爱情与记忆》和《巴巴奥》[1]。

1　《可见的女人》《爱情与记忆》和《巴巴奥》是达利分别出版于 1930 年、1931 年和 1932 年的文集。

……我想把你连夜带到阿斯特拉罕的海滩上它正被人按两条地平线打造好让你的石油之眼发动战争我会沿铺着翡翠迎春花的路领你去那里而我想给你披上的貂皮大衣是一只猛禽你脚踩的钻石已被我雕琢成蝴蝶的形状……

（《无玷始胎》[1]："论假装全身瘫痪"）

---

1 《无玷始胎》是布勒东与艾吕雅合著的一部作品，发表于 1930 年。标题"无玷始胎"取自《圣经》中圣母玛利亚以处女之身孕育耶稣基督的典故。

十二

萨尔瓦多·达利与妄想狂批判活动——两次莫斯科之旅——从《诗歌的贫困》到《连通器》

布勒东先生，我希望完成您在我们上期节目里草绘的萨瓦尔多·达利肖像，想请您介绍一下这位人物，说明他的影响，他的局限，并指出这位艺术家的性格特点，我想，由于他的生活方式，他很快便会焚毁他理应爱慕的东西吧？

在三四年时间里，达利就是超现实主义精神的化身，他让这种精神在其全部的火光中闪耀，他是唯一能够做到这一点的人，因为他从未被运动酝酿阶段那些未必有用的琐事拖累。在这个意义上，他已然能够被当成一件"文化产品"了。不久之后，他喜欢自称"加泰罗尼亚腰缠万贯的智界王子"，以便顺理成章地把自己对财富的狂热追求变成其行动的全部纲领（很快，我就只称呼他"美钞狂"[1]，众所周知，

---

[1] "美钞狂"是布勒东为达利取的贬义绰号，讽刺他过于财迷。"美钞狂"（Avida Dollars）一词是对达利的全名"Salvador Dalí"中字母顺序的重新排列。

这是对他名字的易位构词）。说实话，他的个性十分独特，没有人像他一样善于利用这一点：在生理层面上，他对自己仍保留着部分乳牙感到相当满意，他吹嘘自己在二十五岁前没碰过女人；在精神层面，没有人比他更热衷于心理分析，不过，如果他使用心理分析，那也是为了小心翼翼地维持他的各种心理情结，令其枝繁叶茂。当他离开我家，前往布朗什广场的一家咖啡馆（路程不过百来米）见他的朋友时，他会按惯例在门口叫出租车，一到目的地，他就甩给司机一张一百法郎大钞，连零钱也不要就匆忙跑走了。如果真像阿尔蒂尔·克拉文所说，"每一个伟大的艺术家都给人一种挑衅的感觉"，那么不得不承认，没有人在品位上比达利更夸张，无论是艺术领域还是为人方面。那时他喜欢穿上精心挑选的礼服公开露面，但礼服上，他会十分醒目地用针别着七八只人造苍蝇，跟活物别无二致……

从某些方面看，您的作品《无玷始胎》似乎属于妄想狂批判活动。这是您有意为之的吗？

不，艾吕雅和我，我们合写《无玷始胎》，这事未经任何深思熟虑。不过，这件事确实和达利不久前定义的妄想狂批判活动发生了交汇。除了要和一些精神病学专家，至少是和那些旧学派的人算一笔旧账之外（其间由来已久的纷争可以在《娜嘉》《第二宣言》的题词，以及阿尔托、克勒维尔和我署名的其他各类文本中寻得蛛丝马迹），作品关注的，其实还是"对于狂乱联想与阐释的系统性、批判性的实体化"。所以，在这本书中，有大量篇幅在用言语模仿各种"被监禁的疯癫"。我们从总体症状出发，这些症状允许我们对疾病进行归类——比如，说到强烈的躁狂症，就有和饶舌、欣快、色情狂等相关的想法一闪而过。不过，这种举措与达利的根本区别在于，其主导意图明显走得更远。在我为"着魔"[1]一节所写的开场白里，不难发现，其主要用意，是缩小理性和非理性之间的二律背反，而这也一直是超现实主义的持久雄心之一。

似乎，在当时的超现实主义中，不守成规达到了顶峰。诗歌和艺术是否成功地将其容纳进来，我的意思是，不守成规是否会在两者中找到其发泄途径呢？

如果说不守成规仅仅在诗歌或造型艺术作品中得以传达，那么此言差矣。不过，在两者的边界上，有必要为"超现实主义物品"留一个特定的位置，它标志着好几轮不同尝试的汇集。第一轮尝试无疑来自马塞尔·杜尚，他在1916

---

[1] "着魔"是《无玷始胎》的第二章。

年左右给一些制成品署名，比如一只自行车轮胎、一把雪铲、一个衣帽架，意图凭借其精挑细选，将这些物品提升至"艺术品"的行列，然后，到了 1921 年，他把白色大理石块按照方糖的样子切割出来，装满了一只鸟笼，并在笼中放了一支温度计，他给这件作品取了一个无理的题目："为什么不打喷嚏"。第二轮尝试，本质上可以与之前的尝试结合起来，由我在 1923 年实施，当时我提出，要让只在梦中出现的物体得到具体的实现和广泛的流通，就像我在《妄语导论》中描述的那样。第三轮尝试，更具决定性，来自阿尔贝托·贾科梅蒂[1] 及其惊人的构架，它始于 1930 年的"悬球"，球体以不可思议的平衡状态，呈现于一轮倾斜的月牙之上。最后，是达利的第四轮尝试，倾向于创造"具有象征功能的"物品（类型属于自动创作）。当时冒出了许多"超现实主义物品"，风格和意图各异：最引人注目的当属达利、瓦伦蒂娜·雨果[2]、米罗、梅雷·奥本海姆[3] 和曼·雷的作品。在我看来，这些物品选用的材料不太结实，往往由简

1　阿尔贝托·贾科梅蒂（Alberto Giacometti, 1901—1966）：瑞士雕塑家，1930年与布勒东结识，贾科梅蒂深入阅读过布勒东的《妄语导论》，他的雕塑作品亦引起了布勒东和达利的巨大兴趣。

2　瓦伦蒂娜·雨果（Valentine Hugo, 1887—1968）：法国艺术家，1917 年与布勒东结识，参与过超现实主义运动。1931 年至 1932 年曾与布勒东短暂同居，之后二人感情破裂，从此绝交。

3　梅雷·奥本海姆（Meret Oppenheim, 1913—1985）：德国艺术家，1933 年通过贾科梅蒂及阿尔普介绍，与布勒东结识，参与过超现实主义运动。

易的手法拼装而成，如今多已不存，堪称一大损失。我对这类活动的辛勤贡献，则在于"诗—物"[1]。

您能否告诉我们您对"诗—物"的定义呢？

我曾把"诗—物"定义为这样一种创作："通过思考诗歌与造型艺术的共振能力，力求把两方面的资源结合起来。"我从诗歌出发，而马格利特则从造型艺术出发，留心观察：若把某些反响巨大的具体词语（如"山""烟斗""孩子的脑袋"），与一些否定它们的形式，或者一些至少缺乏合理对应关系的形式联系起来，会产生什么样的结果。

不过您之前和我说过，这种让你们深受鼓舞的不守成规，并非总在书籍、绘画、雕塑或对这类物体的"创造"中找到发泄的途径？

确实如此。当时，我有一些年轻的朋友，可以这么说，就凑合着雏形状态的不守成规，并受此刺激骚动起来。"黑色幽默"继承自斯威夫特、雅里、瓦谢，甚至阿尔丰斯·阿

1　"诗—物"（poème-objet）是布勒东提出的一个概念，强调把诗歌和物品结合起来，例如在某个物品上写诗，然后从造型角度与诗歌内容进行呼应，从而实现语言与视觉之间的联合。他本人在二十世纪三十年代初进行了一系列尝试。

莱和萨佩克[1]，这种幽默，不得不说，对于手段的选择并不非常困难，成了他们行为举止中的重头戏。当时，这种幽默完全放开了……

显然，不清楚这一点，就很难理解某些人的极端表现……

是无法理解。例如，以下这种表现，在许多方面最具争议，但引发的后果也并非最无足轻重：他们某天一起出游，纵酒狂饮之后，乔治·萨杜尔和我的另一位朋友，当即放胆给圣西尔军校的第一位录取生写了一封充满暴动言论的信，因为他们刚好在报纸上看到了那人的名字。收信者觉得有必要把信转交给军校的领导，而对杜萨尔发起的诉讼导致他被判入狱三个月。

我猜想，正是为了尽可能拖延这一处罚的执行，萨杜尔才决定加入阿拉贡即将发起的苏联之旅吧？

一点不错。请注意，这场充满意外而且事关重大的旅程，完全不是阿拉贡的主意，而是他刚刚认识的埃尔

1　阿尔丰斯·阿莱（Alphonse Allais，1854—1905）与阿尔蒂尔·萨佩克（Arthur Sapeck，1853—1891）均为法国作家，以幽默作品出名。

莎·特丽奥莱[1]的提议，正是她诱使阿拉贡结伴同行。如今再看她后来的表现，我们完全有理由认为，她在苏联那边强行提出并得到了她想要的东西。话说回来，要是萨杜尔没有跟随他们以躲避警察追捕，事情又会是另一副样子。阿拉贡和萨杜尔脱离我们之后，正是他们二人之间的观点交流——这些交流受到了萨杜尔身陷险境时的情绪左右——促使他们做出一系列决定，其影响超出了超现实主义的框架，波及今日和未来。

我强调情势的巧合，意在突出因果关系的明显不对等，没有这样的巧合，据我当时对阿拉贡的了解，他是绝不会主动做出任何有可能与我们分开的事的。我不觉得萨杜尔比他更倾向于此，但我还得说，受制裁所迫，万不得已，他愿意投靠那样一个政权，因为他看到那个政权恰好否定了刚刚处罚他的社会体制。我强调这点只是为了表明，事态的发展源于世间最无关紧要的一件事：一次酒后的玩笑……各种互相矛盾的变化会由此发生，而在那些昔日最合得来的人之间，开始出现一道难以逾越的裂痕。由于某些人个性突出，争执将会在知识界面前大张旗鼓地展开。

---

1 埃尔莎·特丽奥莱（Elsa Triolet, 1896—1970）：俄裔法国作家，1928 年与阿拉贡相识、相恋，并促使阿拉贡加入法国共产党。1939 年二人结婚。

我们所说的这场旅程进行得怎么样？

一言难尽。阿拉贡随时向我告知他在那边的活动，在发电报宣布回国之前，他显得十分乐观。他同莫斯科、列宁格勒的文学圈建立了关系，陈述了我们的共同观点，相信自己已然成功打消了某些对超现实主义诗歌和艺术观念的顾虑。他的说法似乎不乏事实依据：他受邀以顾问身份参加了1930年11月在哈尔科夫召开的第二届革命作家国际会议，这标志着无可争议的成功。就像我们从来不放过任何机会一样，他顺利地让大会通过了一项决议，谴责亨利·巴比塞的《世界报》，当时我们正在巴黎与这份刊物公开交战。对法国文坛情况的分析为另一项决议打下了基础，尽管带有几分保留，那项决议仍十分看重超现实主义，为其花费了相当的篇幅。

然后一切就突然变糟了吗？

很突然。我仍记得萨杜尔回来时无比忧虑的表情，而我的提问更是让他陷入痛苦的尴尬（阿拉贡在布鲁塞尔停留，要晚两三天才到）……是的，一切进展顺利，是的，我们制定的目标已经达成，但是……事实上，有一个大号的"但是"。启程前一两个小时，他们被要求签署一份声明，宣布放弃（姑且不称之为"否认"）我们到那时为止持有的几乎全部立场，与《第二宣言》决裂，我引用原话："因为它与辩证唯物主义背道而驰"；揭发弗洛伊德主义是"唯心主义意识形态"，揭发托洛茨基主义是"社会民主主义和反革命意识形态"。为了息事宁人，他们还不得不承诺其文学活动会服从"党的纪律和掌控"。

"所以？"我赶紧问他。

由于萨杜尔沉默不语，我说："我猜你们都拒绝了？"

"不，"他回答说，"阿拉贡觉得这不可避免，如果我们——你还有我们——想要在党的文化机构里工作的话。"

那是我头一次看到一道深渊在我眼前裂开，从此以后，随着一些厚颜无耻的观念传播开来，比如真理应该让位于实效，良知及个人品格不值得考虑，或目的可为手段辩护等等，这道深渊也令人目眩地变大了。

那么你们如何对待阿拉贡呢？他采取了怎样的姿态？

1932 年发行的两本小册子，一本是艾吕雅署名的《证书》[1]，另一本叫作《小丑》[2]，出版时有多人署名，二者均被收

---

1 《证书》是艾吕雅发表于 1932 年的一篇文章，对阿拉贡在苏联的言行进行了抨击。

2 《小丑》是 1932 年出版的一本小册子，作者包括夏尔、克勒韦尔、达利、艾吕雅、恩斯特、佩雷、查拉和蒂里翁，对阿拉贡进行了抨击。

入了《超现实主义档案》，足以说明阿拉贡回国时得到的待遇。不过，他唯一能打的感情牌就是（就像这些小册子让人回想的那样），他发誓，他同相识最久的朋友们达成的协议，对他来说是"生死攸关的问题"，这仍旧成功唤起了共鸣，尤其是在我身上。他在我们面前表示了一丝悔意，也就是一封"致革命知识分子"的请愿书，说实话内容极其含糊，他借此恢复了在我们中间的地位，但也保留了一些私心。

不过这也只是把你们同阿拉贡的决裂推迟了几个月吧？

没错。新的事件会让决裂变得不可避免。

阿拉贡和那些入党的超现实主义者发现，他们在那一刻处于一个截然不同的情境。一方面，他们就像我说的，承诺让其文学活动服从党的纪律和掌控，自不待言，后者继续以极不信任的眼光看待超现实主义活动；另一方面，作为超现实主义者，他们无法限制那些理应能够在超现实主义内部完全自由开展的历险。达利尤其下定决心，要把这种历险推得越来越远，突破一切类型的约束。而阿拉贡则会不时对此做出一些略微过火的激动反应。比如，有一天，达利刚当着我们的面描述了其新发明的"超现实主义物品"，并用铅笔画了草图：一件无尾礼服，上面挂满了倒入牛奶的烈酒杯。

阿拉贡激烈抗议，让所有人大吃一惊，他声称这是在浪费牛奶，他甚至说有些儿童还喝不到奶……

这就他而言，可谓一种全新的顾虑吧？

我们所有人都不敢相信自己的耳朵！影响更大的一个事端，发生于达利极度自由化的一篇《梦话》在《服务于革命的超现实主义》第四期上发表之际……不过讲到这里，我必须往回退几步。

此前不久，阿拉贡出版了他的长诗《红色阵线》，这首写于苏联的诗作曾在《世界革命文学》杂志上刊发，为此，他被指控"煽动军人违抗命令"并"以无政府主义宣传为目的教唆谋杀"。他被判入狱多年。《红色阵线》已被《超现实主义档案》全文收录，是一首躁动的诗，充斥着阿拉贡的暴力言词和夸张表述，我们也在其他情形下见他使用过。不管我对这首诗的精神和形式持有怎样的保留意见，有件事在我看来无疑是当务之急：必须不惜一切代价让阿拉贡免于起诉，为此，必须发起对其有利的舆论运动。经他完全同意，我专注于解决此事，放手撰写《诗歌的贫困》。

该书的校样刚送到我手中，阿拉贡就跟我报告了他自己以及我们四位入党友人当时的情况，他们被勒令在一个监督委员会面前解释我主编的第四期杂志内容，并正式取消与达利的合作。会议刚结束，他们就被留在原地，站了很久也没人管，然后就是一番早已为他们准备的训诫，这种充满敌意和轻蔑的诡计几乎让他们无力辩驳。我尤其记得一句针对达利文章的话，令我极为愤怒："你们不过是试图把如此简单又如此健康的男女关系复杂化罢了。"谁敢断定，在资产阶级社会里，这些关系是简单的、健康的？

我认为，我应在《诗歌的贫困》里提及这一言论，因为它表明我们遭受了深深的恶意，表明我们面对的思想何其贫瘠。对此，阿拉贡明确表示反对：那是党内发表的言论，因而不能公开。由于我坚持我的打算，抛开了这方面的一切义务，阿拉贡告诉我，把这句话写进《诗歌的贫困》势必会让我俩的关系破裂。说来矛盾，决裂发生之日，正是那本小册子面世之时，尽管后者的初衷本是替他辩护。

不过，即使发生了这次引起轰动的决裂，由于您继续参加革命作家与艺术家协会的活动，与党联系的桥梁并没有全都断掉吧？

事实上，这场让双方都感到痛苦的决裂，定会有好心人为此落泪，但不能认为，这场决裂打消了我们抱有的最后幻想，那就是让超现实主义的追求兼容于共产主义的追求（在这个词的学理意义上），而党的政治和文化也有可能得到矫正。对阿拉贡和另外几个人的不满在于，他们缴械投降，（带着或多或少的悔意）归顺官方路线，而不试着从组织内部进行纠正，这在我们看来仍然存在可能。这就是为什么，在随后两年里，我们会看到许多超现实主义者努力留在革命作家与艺术家协会内部，当时协会的主席是瓦扬-库图里耶[1]。顺便说一句，创立这样一个协会的想法是由我最先提出的[2]，在阿拉贡旅苏期间，我和安德烈·蒂里翁就尝试过：原定名为"革命艺术家与作家协会"。如果说这个协会停留于计划阶段，那是因为阿拉贡发电报求我们暂缓，等他回国后再创办。

您在革命作家与艺术家协会里做过哪些事情？

在瓦扬-库图里耶的革命作家与艺术家协会里，我们当时的态度大致以（托洛茨基的）左派立场为标杆，因此，尽管我是"主席团"的四五位成员之一，但我的"投票"几乎

1　保罗·瓦扬-库图里耶（Paul Vaillant-Couturier，1892—1937）：也译作"瓦扬-古久里"，法国作家，法国共产党奠基者之一，1932 年参与创办革命作家与艺术家协会并成为第一任主席。

2　这其实是布勒东的一厢情愿，革命作家与艺术家协会的前身是"革命作家协会"，之后扩大了范围，改名为"革命作家与艺术家协会"，是 1927 年莫斯科成立的"革命作家国际联盟"的法国支部，与布勒东构想的"革命艺术家与作家协会"毫无关联。

总是少数票。如果谁想找出一个画面，真正唤起这一时期的记忆，那就要去看克劳德·卡恩[1]1934 年出版的小册子《胜负未卜》。革命作家与艺术家协会发布的第一份开除令，针对的就是我，开除动机是：《服务于革命的超现实主义》第五期收录了一封费迪南·阿尔吉耶写给我的信，那是一封放荡不羁而且格外动人的信，在信中，苏联影片《人生道路》[2]中主导的公民道德观念受到了猛烈的抨击。抛开其表达的观点不谈——其中有好几处我并不认同——贯穿这封信的生命力度与反叛强度，让我觉得有必要将其发表。所以他们要求我把文章撤回，这绝无可能。

对于 1930 年至 1934 年间我们参与的活动，我之所以流连于其外在方面，那是因为，我觉得，唯有如此，才能让人理解那一时期超现实主义的某些抽风行动。如果我试图说明同一时期我内心最深处的想法，我的意思是，我精神的隐秘进程，那么我只能搬出我的作品《连通器》，我承认自己对它怀有特别的偏爱。不是说我仍旧赞成其中包含的一切（差得远呢），而是说我喜欢它展示的那股意志：把缰绳夺回

---

1 克劳德·卡恩（Claude Cahun，1894—1954）：法国摄影师，1932 年加入革命作家与艺术家协会，与布勒东及克勒韦尔等人相识，与超现实主义团体来往密切，艺术创作大受影响。1934 年出版了一本论战小册子《胜负未卜》，批评了协会中的各种问题。

2 《人生道路》是 1931 年上映的一部苏联电影，描写了一群在街头盗窃的孤儿如何在一位教育家引导下前往东方工作并发现人生意义的故事。

来，怎么说呢，甚至要从那时起单手握住缰绳。诚然，在这本书里，我仍醉心于让唯物主义的命题占得上风，哪怕在梦的领域也不例外（这么做其实有点武断），但已经可以看出，当时我在其他领域表露出的实践需求，已或多或少对我有所约束。

在您看来，这部作品如今还具有怎样的趣味和意义呢？

在我看来，即便在今天，《连通器》仍然标志着一个要点，那就是我成功克服、战胜了某些矛盾，这些矛盾在最开始曾是我自己行动的原则，同时，我还在内心生活中通过了某些令人心神不宁的考验。必须等到我三十六岁才能做到这一点[1]。我不是一个为爱书而爱书的人。将这本书留在我心中的，并且决定了它的地位的，是我自认为发现并试图描述的一种毛细组织，它确保了"思想中必然产生的，外在世界与内在世界之间的持久交流，这种交流让清醒活动和睡眠活动的连续互渗成为必然"。我一直觉得，人类的反思迟早能够立于这个层次，届时唯物主义和唯心主义之间由来已久的对立将会失去其全部意义。

1　即布勒东出版《连通器》的 1932 年。

我谈过山上的某个"崇高顶点"。我绝无可能在那里定居。况且，一旦定居，它便不再崇高，而我自己也不再是人。纵无能力合理地居于其上，我至少从不偏得太远，以至于看不见它或者无法向人指示。我宁愿做这样的向导，因此迫使自己不要辜负那股力量，它在永恒之爱的方向上，让我"看见"并授予我愈发宝贵特权——"让人看见"。我从未辜负它，我永不停歇地把我所爱之人的肉体和日出时顶峰上的雪合而为一。

　　(《疯狂的爱》："致埃库塞特·德·努瓦赫耶的信")

十三

"作家保卫文化大会"——西班牙内战——惊天冤案:莫斯科审判——超现实主义的国际化

从 1933 年到二战,超现实主义活动必然以一系列事件为基础,甚至部分地受其支配,这些事件越来越躁动、越来越急促的发展,导致了最后的世界性灾难。通往深渊的旅程以如下几个主要阶段为标志:希特勒掌权[1];1934 年巴黎法西斯暴乱[2];1935 年斯大林和拉瓦尔[3]签订条约,促使法国加快军备进程;西班牙内战,以及法国人民阵线[4]政权的不干涉决定,各种偶然事件,从斗争开始直到结束,时而令人振

---

1 指 1933 年希特勒担任德国总理。

2 1934 年 2 月 6 日,法国极右翼联盟冲击国民议会,十六人死亡,两千多人受伤,造成了法兰西第三共和国的重大政治危机,导致政府垮台,并引发了法国左翼知识分子的反法西斯浪潮。

3 皮埃尔·拉瓦尔(Pierre Laval, 1883—1945):法国政治家,1931 年至 1932 年及 1935 年至 1936 年两次担任法国总理,1935 年 5 月签署《苏法互助协约》。

4 人民阵线是法国左翼政党联盟,1936 年 5 月赢得了法国大选。但面对 1936 年 7 月爆发的西班牙内战,人民阵线作为左派政府拒绝为西班牙共和派提供支持,袖手旁观,遭到左派知识分子的巨大非议。

奋，时而令人震惊；最后，是 1936 年、1937 年和 1938 年的一连串莫斯科审判[1]。所有这些事件刺激您采取了一种极其鲜明的立场，对此，《超现实主义档案》如今收录的一系列小册子和传单均有记载。若不考虑将其一一罗列，您能否简要地指出它们的意义呢？

让我们试试吧……但只能在某些细枝末节上稍花点时间，对于我们涉及的这些话题，要突出其中有时颇具戏剧性的意味。

在 1934 年 2 月 6 日晚上，也就是法西斯分子发动暴乱之后的三四个小时里（我们好些人目睹了暴乱具体的发展过程：有些是在大街上，另一些是在玛德莱娜广场附近），在我的推动下，我们决定马上召集尽可能多的知识分子，不管什么派别，只要他们下定决心面对形势。关键是要立刻确定能够采纳的抵抗措施。这次聚会持续了整整一晚，最终起草了一篇题为"斗争号召"的文章，呼吁工人阶级的工会和政治组织实现联合行动，并对总罢工表示欢迎。1 月 10 日，这份号召发表，有将近九十人署名。在与超现实主义最不相关的人里，可以看到阿兰、米歇尔·亚历山大、让－里

1　二十世纪三十年代，苏联在大清洗期间，斯大林主导了一系列公审，对众多革命元老进行迫害，包括 1936 年 8 月的第一次莫斯科审判，对象是包括季诺维也夫和加米涅夫在内的十六名苏联领导人；1937 年 1 月的第二次莫斯科审判，对象是包括皮达可夫和拉狄克在内的十七名苏联领导人；1938 年 3 月的第三次莫斯科审判，对象是包括布哈林和里可夫在内的二十一名苏联领导人。

夏·布洛赫、艾黎·福尔、让·盖埃诺、亨利·让松、马克
西米利安·吕斯、安德烈·马尔罗、马塞尔·马尔蒂内、皮
埃尔·莫纳特、亨利·普莱耶、保罗·西涅克[1]等人的名字。
随后不久还发布了一份问卷调查，讨论实现联合行动的实际
手段。保罗·里维[2]主持的"知识分子警戒委员会"，则要
等到之后才成立。

我想，您应该就是在这种战斗意志的鼓舞下，同莱
昂·布鲁姆[3]会面的吧。您能说说当时的情形吗？

为了加快实现那次联合行动，事实上是由我负责与莱
昂·布鲁姆取得联系，并向他表达我们许多人一直对他抱有
的期待。不得不说，我的任务彻底失败了。整整一上午，在
他位于圣路易岛的工作室里，他轻松巧妙地谈论着他的文学
规划，说来可惜，那不是我此行的目的。于是，我徒劳地试
图改变谈话的方向。他对我十分客气，但每当我想把他带回
到我拜访的目的上，他就顾左右而言他。

1　均为法国左派知识分子。

2　保罗·里维（Paul Rivet，1876—1958）：法国学者，是 1934 年 3 月成立的"反
　　法西斯知识分子警戒委员会"的创建者之一。

3　莱昂·布鲁姆（Léon Blum，1872—1950）：法国左翼政治领袖，三度出任法国
　　总理，1936 年至 1937 年人民阵线联合政府的实际领袖。

当时另一个引人注目的事件，我想，是在巴黎举行的那个您也想要参加的"作家保卫文化大会"[1]吧？

这就是我提到我们的某些举动包含戏剧性意味时，心里想到的事情，如今随着时间推移，再追思起来二者已经变得密不可分。有必要好好回想一下，当时，对于一些观点，如果从革命角度看依然可以不受拘束地加以捍卫，那么即便它们不"符合路线"，这类大会也不会掩盖，不像今天这样恬不知耻。所以我一早就知道，我能在那里无拘无束地表达自己的理念。

但所谓的"爱伦堡风波"也是在那里发生的吧？

是的。要怪就怪运气吧：大会开幕几天之前，晚上十点左右，我在蒙帕纳斯大街遇到了爱伦堡[2]这个作伪证的家伙。我没有忘记，他在几个月前出版了《一位苏联作家的见闻》，其中某段话里提到："超现实主义者既想要黑格尔，也想要马克思，还想要革命，但他们拒绝的，恰恰是劳动。他们有自己的事情，比如，他们在研究鸡奸及梦境……他们只知道挥霍家中的遗产，挥霍自己老婆的嫁妆……"诸如此类。自

1　1935 年 6 月 21 日至 25 日，在巴黎召开了"作家保卫文化大会"，共有来自 38 个国家的三百多位作家参与，是一次影响重大的文化事件。

2　伊利亚·爱伦堡（Ilya Ehrenbourg，1891—1967）：苏联作家，在 1935 年的国际大会期间，由于侮辱布勒东而遭到后者掌掴。

报家门之后，我扇了他好几下耳光，而他还可怜地试图与我交涉，甚至都没抬手挡住自己的脸。我想不出自己还能怎样报复这个专业诽谤者，几年后，他公然声称，维尔考[1]的《海的沉默》是一剂毒药，只能从德国情报机构的药房里流出。我不知道我们侮辱的这个人是大会的苏联代表团成员，而我当然也没想过通过他个人去冒犯代表团。不过，他们仍以此为借口，让第三方转告我，我被取消了发言权。

又一次因为一起完全意外的风波，人们在由党授意或控制的文化组织内部听见超现实主义声音，这个可能性从此以后就彻底消失了吗？

是的。不得不说，多年来，我们不顾一切地心怀希望，想让超现实主义理念与革命实践行动达成和解，但它们全都破灭了。不难理解我们中的某些人为此感到极度痛苦，因为大会开幕前一两天，我们的朋友勒内·克勒维尔，怀着帮我讨回发言权的徒劳希望，在同组织者进行了一番费力的争论后，自杀身亡了。于是，这位我们几乎第一时间就认识的朋友，我们最亲密的好友之一，弃我们而去了。

---

1 维尔考（Vercors，1902—1991）：原名让·布鲁勒（Jean Bruller），法国作家，《海的沉默》是 1942 年法国沦陷后他出版的一部地下作品，描述了法国抵抗运动时期的故事。

他不仅在情绪和反应上真正构成了我们共同的精神状态，还写下了《反理性的精神》和《狄德罗的大键琴》，没有他，超现实主义会缺少其最美丽的一道风景。当然，克勒维尔的绝望举动只能"由多重原因决定"，并且他很早以前就已经承认了别的潜在诱因。尽管如此，大会召开时我们的心情仍可想而知。

大会本身最终进行得怎样呢？

考虑到克勒维尔表达的心愿，大会同意由保罗·艾吕雅宣读我的演说，但发言时间被定在午夜之后，那时大厅已开始变空，灯光也逐渐熄灭。其他各种反对声明也遭到了同样的压制。

这篇演说，连同之前发生的一切在各个层面上引发的集体结论，引出了一份名为"在超现实主义者有理的时代"的出版物，之后被收入了《超现实主义档案》。它从最阴暗的角度，对拉瓦尔与斯大林签订的苏法条约的实行模式表示担忧，并对苏联政权及其领袖近几年来的变化表示坚决的不信任。

这场决裂对超现实主义活动有何影响？西班牙内战爆发之际，超现实主义又采取了怎样的态度？

从那时起，无论我们喜欢与否，或者不如说，无论我们是否心甘情愿地接受，我们的处境，相比于我们之前活动的两极分化，已发生了深刻的改变。说到我们如何表达并传播我们"改造世界"的观念，我们只能靠我们自己的手段，这跟我们的反对者相比，当然不值一提。但可以肯定，妥协再无可能。

西班牙内战恰好在此刻爆发。其回声至今仍如此强烈，以至于我们不难想象，它凝聚着我们对人类改善生活状况的全部憧憬。

从未有一场战斗，从一开始，就如此受制于两股力量：一方面，是蒙昧和压迫的力量；另一方面，则可以说是天然状态下，一切引发人类的自由与解放意志的力量。当时，斯大林主义还来不及染指西班牙和加泰罗尼亚的无产阶级，形势格外明朗。我们可以毫无保留、不加区别地为伊比利亚无政府主义联盟或马克思主义统一工人党的胜利鼓掌，每天推算他们有多少机会完成现代的第三次大革命，谁知道呢，没准这是第一次不经历热月的革命。我们太清楚斯大林主义的干涉会把这一切幻想、这一切希望变成什么。但它还存活着，甚至在 1951 年 3 月 [1]，它几乎出人意料地重新站了起

1　1951 年 3 月，加泰罗尼亚工人发起了反对佛朗哥政权的总罢工，得到了超现实主义者的声援。

来，还远远没到留下遗言的时候。关于西班牙革命的早期精神图像，我们仍记得邦雅曼·佩雷的身影，他就坐在巴塞罗那的一扇门前，一手持枪，另一只手抚摸着他膝盖上的猫。在 1937 年出版的《疯狂的爱》一书里，我解释了自己为何没有与他实地并肩作战，因为我的一个孩子刚刚出生，没有我，孩子就没法活下去。

但除了西班牙内战的后续发展带给您的打击之外，您很快就再遭重创，甚至可能是更残酷的重创，那就是 1936 年、1937 年和 1938 年著名的"莫斯科审判"！

其实，二者根本无法比较。我很难理解，今天，面对那些审判表演和判决理由所构成的无耻挑衅，为什么一个良知尚存之人不会勃然大怒，我指的不仅仅是正义感，还有最基本的常识。我一直认为，人们让这个时代最可怕的伤口在那里裂开，并任其遭受致命的感染。人们已彻底接受，"国家理性"视清白和尊严如草芥，就连全体民众为感激某些人物而赠予的典范头衔也无从幸免。我很清楚战争已经过去，助长了太多的遗忘。但我仍惊讶并不安地发觉，这些惊天冤案已被普遍无视，而其始作俑者并未在所有人眼里威严尽失、声名扫地。对于列宁的老战友们蒙受的命运，以及托洛茨基遭受的毫无依据的指控（这早早在他头上预留了一把冰镐[1]），我曾发起过抗议，对此，我没有什么要多说的。

您的抗议是如何表达的？

当时，这样的抗议只能用传单来表达，别无他法。不得不说，（托洛茨基派）国际主义工人党的法国领导者，以我们的老朋友纳维勒为首，并未给我们提供任何便利。1936年9月，在"关于莫斯科审判真相"的会议上，多亏了维克多·塞尔日[2]的求情，我才得以表达我和我朋友们的感受。当时塞尔日刚刚逃离苏联监狱，并被拘留在布鲁塞尔，但他仍通过电报坚决要求他们让我发言。

那么，就普遍的超现实主义活动而言，你们又在哪里以及如何进行表达呢？

很久以来，超现实主义就不再支配任何自主的下属刊物了。它仅限于把活动分成两部分，一部分就像我刚才说的，在传单上得以表达，另一部分则去奢华的《弥诺陶洛

1　1940年8月20日，托洛茨基被苏联特工用冰镐凿入后脑，不治身亡。

2　维克多·塞尔日（Victor Serge，1890—1947）：比利时作家，托洛茨基的战友，深度参与过俄国革命。1933年由于反对斯大林主义在苏联被捕，1936年被释放并逐出苏联，之后在法国和比利时对莫斯科审判表示谴责。

斯》杂志中寻求尽可能广的传播。这份杂志能够从其他各类刊物中脱颖而出,要感谢其撰稿者,包括达利、艾吕雅、莫里斯·海涅[1]、皮埃尔·马比耶、佩雷还有我自己。与其合作的超现实主义画家和雕塑家则有贝尔默、布劳纳、阿尔普、达利、多明戈斯、恩斯特、贾科梅蒂、马格利特、马松、马塔、米罗、帕伦、曼·雷、塞利格曼[2]、唐吉及其他人,他们都在杂志中进行过充分的表达。起初,这份杂志显得兼收并蓄,但每出一期,超现实主义的比重都会增加,直到最终全盘接管。从这一点看,由于其表面上摆出的阔气,它赋予了超现实主义此前从未享受过的尺度。可惜人们不再能轻易读到,如今十三期杂志的合订本已经卖出了天价……

但在战前的岁月里,你们遭遇的种种困境并未阻止超现实主义活动呈现出越来越国际化的特征,不是吗?

是的,各种超现实主义团体在不同的国家聚集并不断壮大。超现实主义国际展在东京、哥本哈根、特内里费、伦

---

1 莫里斯·海涅(Maurice Heine,1884—1940):法国作家,《弥诺陶洛斯》的撰稿人之一。

2 汉斯·贝尔默(Hans Bellmer,1902—1975),德国艺术家。维克多·布劳纳(Victor Brauner,1903—1966),罗马尼亚画家。奥斯卡·多明戈斯(Óscar Domínguez,1906—1957),西班牙画家。罗贝托·马塔(Roberto Matta,1911—2002),智利画家。沃尔夫冈·帕伦(Wolfgang Paalen,1905—1959),墨西哥画家。库特·塞利格曼(Kurt Seligmann,1900—1962),瑞士画家。

敦和巴黎依次举办，参与者数量也在不断增多。最精彩的，当属 1938 年年初在巴黎开幕的展览。马塞尔·杜尚是头号组织者和导演，在超现实主义者尤其是在我眼中，他一直享有独一无二的威望。这一方面是因为，在艺术和反艺术层面，他的每一次干预都见证了他的天赋；另一方面则是因为，他以典范性的姿态，摆脱了严格意义上的艺术活动所要付出的一切奴役与悲惨代价。

我想，1938 年的那场展览还远没有从大家的记忆中抹去吧？

在我们所处的这个麻木时代，简直难以想象，那场展览曾在媒体上给我们招来怎样的怒火和谩骂！参观者先要经过一个长廊，那里有超现实主义画家装扮的一些假人在恭迎他们，然后他们就来到一个大厅，天花板上挂着一千两百个装煤炭的袋子，全都覆着灰尘。大厅中央烧着一只露天火盆。房间一角有个水池（我是说真水池，不是模拟的），边上种着自然植物，水中映着一张凌乱的床……

在那一时期，你们的行动是否呈现出新的前景呢？

好像是的。我们好几个人频繁出行，透露了我们加快超现实主义国际化的意愿。我和艾吕雅一起去了布拉格，和佩雷一起去了加那利群岛，我们一大群人在伦敦相会，为了把大家的努力统合得更加完整，各种会议、访谈、观点交流接连不断。而且，我们每次出国旅行回来，都会发表一份《超现实主义国际公报》，通常是用双语写的，它衡量出我们达成一致的程度，且精确地呈现出我们和朋友之间开展联合行动的前景。从那时起，与达利在意识形态上的严重分歧也出现了。有好几次，他都差点被驱逐，或是因为他在某幅画上，给列宁画了一个莫名其妙的无礼图像；或是因为他见人就说火车出轨令他欣喜若狂，不过头等车厢得安然无恙……他的同情使他越来越公开趋向法西斯主义，这很快就导致我们同他决裂。相反，我与之前的某些叛逆者却重归于好，完全出乎意料地恢复了深情厚谊。尤其是同阿尔托，以及普莱维尔，这在我看来，说得形象点，就好像我们从未分开过一样。

在这一时期，您的个人境况如何？

1936 年至 1937 年前后，我的物质处境极其窘迫。照料小孩给我提出了全新的难题，甚至不时加剧了窘境。对此，在一封写给我女儿的信里，我已经写得很充分了，当时她才八个月大，我打算让她在 1952 年春读到这封信，正是这封信为《疯狂的爱》收了尾。我曾苦苦哀求官方主管部门，尤其是求助于让·吉罗杜[1]，为我在国外谋得一个外籍教师或别的职位，但我被遗憾地告知，他们没法满足我，因为那种情况要求大学文凭，而我没有。所幸，在处境有可能变得更糟的几个月内，得益于一位朋友的慷慨相助，我得以（勉强）经营塞纳街的一家小画廊，我给它挂上了"格拉迪瓦"的招牌，意为"行走的女子"，这个词也是扬森[2]的一部精彩小说的名字，弗洛伊德还为之做过巧妙的评论。进店的人要穿过一扇由马塞尔·杜尚设计并制作的玻璃门，上面的开口显现出的轮廓，是并排站立的一个身材高大的男人和一个明显更矮小而且十分纤瘦的女人，形状和他们的身影一样……

大约在这一时期，您的墨西哥之旅是如何筹备起来的？

"格拉迪瓦"画廊的历险结束于这一天：有人通知我，由于缺乏更合适的人选，外交部下属的文化机构决定派我去墨西哥考察，条件是我要在那里开设一定数量的文学和艺术

---

1 吉罗杜曾在 1919 年为布勒东主编的《文学》杂志投稿，二人因此相识，1932年之后吉罗杜在政府内阁中任职，1934 年出任外事监察总监，1939 年出任新闻部部长。

2 威廉·扬森（Wilhelm Jensen，1837—1911）：德国作家，1902 年出版小说《格拉迪瓦》。标题"gradiva"在意大利语中意为"行走的女子"。1907 年弗洛伊德发表了《扬森〈格拉迪瓦〉中的妄想与梦境》。

讲座，从百科全书派一直讲到当代。我此生的一大抱负就这样实现了。虽然我生来就对旅行没有太多偏好，但墨西哥，也许是由于童年记忆，是所有国家里最吸引我的一个。我得赶紧说一句，我绝没有感到失望。喔，这并不意味着某些人没有想方设法让我受到最恶劣的接待。事实上，从革命作家与艺术家协会中派生的斯大林主义机构"作家保卫文化国际协会"（《公社》杂志是其在巴黎的喉舌）就曾煞费苦心，通过航空信，赶在我抵达前，给墨西哥的重要作家和艺术家寄去一封通函。我自己保留了一份样本。它由"代表国际秘书处"的勒内·布莱什[1]署名，并特别声明："安德烈·布勒东先生一直采取反对人民阵线的立场，并出于这一目的，与最可疑的政治分子沆瀣一气。他反对西班牙共和国的行径已表现出最背信弃义的形式……"有位收件人在我抵达时就把信函转交给了我。幸好我准备了所有必要的材料，让我的控告者们哑口无言。

1　勒内·布莱什（René Blech，1900—1953）：比利时作家，1937年出任《公社》杂志编辑部书记。

做过手脚的美妙骰子

好运与厄运

猜牌赌局里所有睁大的眼睛围着一把撑开的伞

波希米亚女子的跳蚤泥俑何其强烈的报复

我的手在它身上合拢

若我要逃离我的宿命

（《仙女摩迦娜》[1]，1940 年）

---

1 《仙女摩迦娜》是布勒东的一部诗集，标题"fata morgana"来源于亚瑟王传奇
中的邪恶女巫"仙女摩迦娜"（英语世界称作"摩根勒菲"），她与亚瑟王及众
骑士为敌。传说她善于制造仙境般的空中楼阁，因此"fata morgana"一词在
意大利语中也引申为"复杂蜃景"之意，在此一语双关，既有布勒东惯用的神
秘女性形象，又用这种虚无的海市蜃楼影射现实。诗集创作于 1940 年年底，
布勒东即将从马赛上船流亡美国之前。1942 年诗集在阿根廷布宜诺斯艾利斯
出版。

十四

在墨西哥——近看托洛茨基——为了一种独立的
革命艺术——1939 年的战争与流亡——
"美国之音"和《VVV》

布勒东先生，我想请您细说一下您同托洛茨基的关系，这是您在我们上期节目里提及的话题，尤其是请您说说，您为了同这位伟大的革命家见面而不得不克服的某些困难。您能否给我们讲述一下你们会面时的情形以及您当时感受到的印象呢？

这次会面，甚至不是我提出的。我一到墨西哥，画家迭戈·里维拉[1]就在家中接待了我，接着无比匆忙地安排了这次见面。托洛茨基知道我曾多次发声替他辩护，也很想见我一面。尽管他没有签证，四处漂泊，但他得感谢里维拉为他在墨西哥找到庇护所，还让总统卡德纳斯[2]也对他抱有善意。从那时起，托洛茨基就成了里维拉的座上宾，但他和他的妻子、秘书及安保人员则住在另一栋房子里。为防止极有

---

1 迭戈·里维拉（Diego Rivera，1886—1957）：墨西哥著名画家，托洛茨基的好友，1938 年托洛茨基流亡墨西哥后得到了里维拉的大力帮助。

2 拉扎罗·卡德纳斯（Lázaro Cárdenas，1895—1970）：墨西哥政治家，1934 年至 1940 年担任墨西哥总统，任期内批准托洛茨基前往墨西哥政治避难。

可能发生的袭击，房屋两侧均设有两座哨岗，相隔约五十米，随时有五六个武装人员驻守，任务是拦截任何可疑车辆。回国后，我在国际工人党的一次会议上发表了一篇简短演说，这篇演说也在当时的《第四国际》杂志上发表过，讲述了我同托洛茨基初次见面的印象，后来我们还见过许多次。关于他不可思议的思维组织能力，我强调得还不够多，例如，那样的组织能力允许他同时口述三篇文章。不过演说当天，我向一些受其思想滋养的人发言，他们可不会低估他的精神潜力。我觉得，更重要的是向他们展示托洛茨基具有的至高人性，为此，就得突出他在这方面的能力。在我们一起漫游墨西哥期间，我曾对他的这种能力赞叹不已，他能把一切观察到的细微事实整合成一种普遍材料，并且绝不做作也从不强迫，便让人从中看到对世间的价值进行重新调整的希望，甚至加强了关于革命斗争的必要性的感受。

您同托洛茨基会面的"氛围"如何？

我不会否认，在日常关系中，托洛茨基和他习以为常的对话者（里维拉及他的夫人[1]再加上我）之间存在着教育

1　弗里达·卡洛（Frida Kahlo，1907—1954）：墨西哥艺术家，1929 年与里维拉结婚。在托洛茨基旅居墨西哥期间曾与他发生过短暂恋情。她的画作引起了布勒东的兴趣，后者促成了 1938 年她在纽约的画展。

及其他方面的巨大差异，时不时激起一些摩擦。不管我们对他抱有怎样的敬意，哪怕我们小心翼翼尽可能不去冒犯他，但在比如"艺术"气质这类他完全一窍不通的事情上，我们仍免不了与他对立起来。尽管他本人对艺术问题的理解极其一般，但他赢得了艺术家们的深切共鸣，这也算是他命中的奇事了。当我们三人中的某一位对一件前哥伦布时代的器皿爱不释手时，他明显不太好受。我还记得，当里维拉（毫不过分地）宣称，自洞穴时代以来，素描就一直在没落时，他抛给里维拉的责备眼神；还有一晚，他大发雷霆，因为我们当着他的面异想天开，说无阶级社会一旦建立，流血冲突势必会找到新的动因，也就是经济以外的动因。但这些只是暂时的分歧，并不妨碍我们的和睦关系。

您能否从内心角度介绍一下托洛茨基，点出其为人最独特的性格特点呢？

从内心角度，我不打算这么做，不过，他思考他人和感受他人的方式，没有人比他更加热忱专注。虽然他是个彻头彻尾的刻板之人，一心要把自己变成其实践成果的工具，但我仍敬佩他能与自然保持联系：不管是我们一起去钓鱼，还是他有时绘声绘色地谈起很久之前在西伯利亚猎狼的波折经历。我略过了其最大的人格魅力所在：其中很大一部分，不用说，不仅来自他在 1905 年和 1917 年的功绩[1]为之赢得的声望，也来自《我的生平》和《俄国革命史》这样的作品展现出的卓越智识天赋。能够亲眼看见这种思想的运转当然是另一回事：它以最鲜活的方式表达出来，绝无任何过分教条之处，并且能在一场闲聊中收放自如，他赋予了那样的谈话一种独属于他的口吻，语气活泼，往往带着戏谑。从那时起，便有人利用他的孩子和他的昔日战友向他个人进行迫害，面对这一切，我不认为有谁会用更高傲的目光和更坚定的姿态轻蔑地予以应对，尽管他清楚这样的迫害不会到此为止。有时候，他只是拿这开开玩笑……

今天，这位重要人物在您眼中还剩下什么呢？

不可否认，1939 年的战争及其后续事件在他身上笼罩了一层阴影。托洛茨基这个名字令人振奋的意味，年轻一代多半再也感觉不到了：长久以来，它都承载着至高的革命潜能。不过，对于包括我在内的某些人来说，这个名字也明确阻止我归附那个不惜一切手段地置他于死地的政权。在我看

1　1905 年的俄国革命期间，托洛茨基进行过领导工作，并于当年十一月底当选为苏维埃主席，被称为"苏维埃的思想领导者"。在 1917 年的二月革命和十月革命中，托洛茨基都有很大影响。

来，其程度已然超过了对昂吉安公爵[1]的处决……在超现实主义中，我们常常引用洛特雷阿蒙的话："全部海水也不足以洗清智慧之血的一片血污"，但这里，光用比喻是不行的……

您同托洛茨基的会面有何成果？

成果是和他成功达成了一个共识，即从革命的立场看，必须为艺术和诗歌创造一些条件，好让它们参与解放斗争，同时保持自身方法的完全自由。这一共识在一篇题为"为了一种独立的革命艺术"的文章中得到了表达，之后被收入了《超现实主义档案》。其结论是成立"独立革命艺术国际联盟"，简称"F. I. A. R. I."。尽管托洛茨基出于策略考虑，希望在那篇短文发表时，用迭戈·里维拉的名字取代他自己的名字，但里维拉压根没有参与撰写。

当时，超现实主义内部似乎趁此机会出现了几番新的骚动……

事实上，在墨西哥的旅居生活引导我得出的种种反思，

1　昂吉安公爵（duc d'Enghien，1772—1804）：波旁王朝贵族，在法国大革命期间由于被怀疑试图复辟，在没有确凿证据的情况下遭到抓捕并迅速处决。

必定让那些骚动变得不可避免。独立革命艺术国际联盟的下属杂志《秘钥》，能让我们极为精确地区分出两类人：一类是支持墨西哥宣言立场的人，另一类，则是出于各种机会主义目的试图推诿的人。但没有什么像当时同艾吕雅的决裂一样，如此深刻地影响了超现实主义。

那场决裂是怎么发生的？

严格来说，是以如下方式：我在墨西哥得知，艾吕雅的一些诗作刚刚在"文化之家"的喉舌《公社》杂志上发表，我自然赶紧写信告诉他，该组织曾用一些卑劣的手段对付过我，而我坚信，他会迅速与之撇清关系。但我一直没有收到他的回信，而在我回国后，我惊愕地听说，他认为那样的合作对他而言并不意味着任何特别的利害关系，他相信，他的诗作，基于其内在品质，不论在哪都立得住脚，以至于在最近几个月里，他像对《公社》那样，心甘情愿地给德国和意大利的法西斯刊物投稿（这是他自己的措辞）。我只是提醒他，这样一种态度意味着他抛弃了我们之间过去达成的所有协定，并让一切之后的会面失去了意义。从那时起，我们就再也没见过。这段友谊多年来一直在加深，甚至情同手足，就这样突然结束了。

您如何解释艾吕雅的态度呢？

仗着对于自身价值与日俱增的信心，他身上突然爆发出一种"奥林匹斯诸神般的"情绪，我想，我们的情投意合就是因此受挫的。后来我也常常寻思，他怎么就走到了那一步。确实，艾吕雅是我们中间唯一让批评家们长久以来几乎交口称赞的人。他为人熟知的几次暴力活动，并不被归咎于他个人，而是被算到他的朋友们头上，是被人传染所致。人们只想记住他的诗，毫无挑衅意味的诗，和大多数超现实主义诗作相反，它们只以审美为准绳。超现实主义把他压在这面斜坡上，限制了他直抒胸臆的需求。我未曾发觉，他其实不怎么支持超现实主义在文学和其他层面上颁布的禁令。在这方面，其作品的某些标题（"公开的玫瑰""轻易"）倒是传达了某种十分清晰的诉求……

能否认为独立革命艺术国际联盟的活动以失败告终呢？

是的，但有必要追溯失败的原因。

之所以独立革命艺术国际联盟的活动一开始没有显得更为激动人心，这要怪从慕尼黑开始的国际形势的恶化[1]。虽

1　指 1938 年 9 月英法德意四国在慕尼黑签署的《慕尼黑协定》，牺牲了捷克斯洛伐克的苏台德地区，将其割让给了纳粹德国。

然，在该机构组织的国家委员会中，汇集了形形色色的非斯大林主义革命派别代表，但这些派别远未实现必要的组织性，以至于《秘钥》杂志只出了两期。这样一场失败在当时不足为奇。事情的经过，就像是智识活动在各个方向上都标记了一个停滞时刻，就好像精神已被告知大祸临头，一切都无力回天。

从 1937 年、1938 年到 1939 年，超现实主义活动是如何表达的呢？

在新一场战争爆发前三年，超现实主义再次表明了它的意志：绝不与资产阶级社会宣扬的任何价值体系同流合污。这种意志在邦雅曼·佩雷的诗集《我不吃这一套》里得到了最不妥协也最大胆的表达。它在雅克·普莱维尔的诗作《白旗高举》和《硬核时代》里也展露无遗，这些诗篇显示出对于超现实主义精神的无比忠诚，即便其作者已经选择另辟蹊径。在这个意义上，普莱维尔的步伐——也可以说是格诺的步伐，他在当时找到了其决定性的道路——从幽默中汲取了主要的力量。这种幽默感，继承自斯威夫特、雅里、瓦谢，前所未有地切中肯綮。它在价值上堪比一种方法，一种至高的庇护，也正是在它的推动下，我想从一系列在不同程度上包含幽默感的作品里，把它提取出来（这就是《黑色幽默文选》的由来）。在超现实主义中，还存在一些其他诉求，它们变得无比迫切，与爱情最狂热的形式息息相关，比如在《疯狂的爱》中，在佩雷的《我升华》中发生的爱情；或者与神奇息息相关，比如皮埃尔·马比耶在《神奇之镜》里透过各个时代勘探的神奇，以及醉心于圣杯传说的朱利安·格拉克[1]在《阿尔戈古堡》里动身寻觅的神奇。

超现实主义者在战争爆发时的态度如何？超现实主义在何种程度上感觉到自己被卷入了这场冲突？

战争，转眼之间，就把我们的憧憬击个粉碎。自由表达再次遭到压缩。过了许久，我们才知道彼此经历了什么，并开始恢复联系。对于同盟国事业绝对价值的辩护，超现实主义者当然不抱任何幻觉，为此，他们还在1938年9月底的一本小册子《不要你们的战争，也不要你们的和平》里予以声明。不用说，他们也是种族主义和极权主义最不共戴天的敌人。苏德条约的签署及其引发的一连串反应，加剧了形势的错综复杂，它第一次让卡夫卡小说中的氛围进入了现实。

1　朱利安·格拉克（Julien Gracq, 1910—2007）：法国作家，布勒东的好友，1938年出版处女作《阿尔戈古堡》。

从 1939 年到 1940 年 6 月[1]，您过得怎样？

我试着……尽可能给自己打造一艘漂浮的木筏。战争，这场战争或另一场战争，意味着一切精神之物的隐没。穿上军装，每个人都回到了一种多少有些不稳定的个体生存状态。就我而言，当时我尽力（但又有点像做梦）承担了普瓦捷飞行学校的医务工作。学校解散后，我从军队退伍进入自由区，离分界线有两三公里。

从 1940 年 6 月到您前往美国，您如何看待军事溃败及其导致的处境呢？

当时，在我看来，知识分子们应该承担的，就是不要让这场纯粹军事方面的失败（它完全不干知识分子的事）顺势引发精神的崩溃。不用说，1940 年年底，思想的处境极其灰暗。以一种所谓家长制权威的名义，要求用"法兰西国"取代第三共和国，这种令人作呕的设想，显然令超现实主义精神最无法适应。新政权的某些走狗，甚至在媒体上放肆指控超现实主义是军事战败的祸因之一。当时的前景再令

1　1940 年 6 月 22 日法国在战败后与德国签订停战协议，成立以贝当为首的维希政府。北部及西部沿海地区被德国占领，称为"沦陷区"，南方被维希政府统治，称为"自由区"。

人惊慌不过。钳制日益收紧。就在这个时候，传来了托洛茨基遇刺的消息，让我心碎不已。

但从那时起，您已恢复了同一些朋友的联系吧？

是的。1940 年冬，在马赛，维克多·塞尔日和我受到了美国知识分子救助委员会的接待，并和几位领导者一起，待在一栋名叫"雅姿"的宽敞的郊区别墅里。许多超现实主义者每天在那里碰面，我们让自己尽可能地排遣时下的苦闷。来者包括贝尔默、布劳纳、夏尔、多明戈斯、马克斯·恩斯特、埃罗尔德、伊特金、林飞龙[1]、马松、佩雷，以至于在我们中间重新恢复了某种游戏活动。值得一提的是，一种由多人共同设计的纸牌游戏就源于那一时期，制作时使用了一些与爱情、梦境、革命、知识对应的全新符号。我之所以提到它，只是因为它有助于表明，我们当时一致的自我定位，依据的到底是什么。

您是在什么环境下前往美国的？

1　雅克·埃罗尔德（Jacques Hérold，1910—1987），罗马尼亚超现实主义画家。西尔万·伊特金（Sylvain Itkine，1908—1944），法国导演。林飞龙（Wifredo Lam，1902—1982），华裔古巴超现实主义画家。

说到我自己和其他人设法到异国寻求庇护，如果有必要对此做一番解释，那么我会指出，某些超现实主义者在维希政权面前的处境异常危急，而且，绝不能拿另一些知识分子的处境来相提并论，尤其是那些曾经的超现实主义者，因为他们继续给一些至少被政权所容忍的杂志和刊物供稿，甚至经常在广播上发声。贝当的马赛之行是我和美国救助委员会成员被捕的信号。随之而来的漫长审讯无非是要摸清超现实主义思想的底细，但我敢说那些审讯员都不够格。审查机构同样拒绝给我的诗作《仙女摩迦娜》和我的《黑色幽默文选》开绿灯……《文选》的出版方询问被查禁的理由，却被劝告不要再让人关注这样一位作者，因为，我引述原话：他是"对国民革命精神的否定"。显然我只是被暂时剥夺了一切自我表达的权利。至于那些后来对我前往美国感到不满的人，我太容易想到其中一位，我指的是查拉，他自己就向美国救助委员会申请过签证，甚至还请我支持他。他或许不知道，我三番五次地帮助过他，并且全心全意……

您在美国待了五年吧，布勒东先生？其间有哪些值得一提的事件呢？

我在纽约度过的五年，从公共活动层面来说，相比于我在参与两场战争期间的所作所为，在我看来实在乏善可陈。在自由受到限制的地方，我几乎活不下去，只想赶快逃离。但不得不说，限制这份自由的，不是美国的制度规定，而是我自己。在诸多绝望之事的包围中，我在纽约找到了一些短暂却不凡的欢乐，比如，我时不时抛开一切同我作对的东西，与我可敬的朋友马塞尔·杜尚共进午餐。我不得不小声补充一句，我在那里出乎意料地遇见了幸福[1]。对于一个几乎以馈赠方式给予我庇护的国家，对于这些快乐以及这份幸福，如果我不能公正地加以对待，那么我会后悔的，怎么可能这么做呢？在时局分配给我的位置上，我庆幸自己没有背叛法兰西的抵抗精神，因为我同意每天在广播里传递"美国之音"的信息，此事并非没有束缚，但至少我经过深思之后坦率接受了。

所以您认为，您的电台播音员工作，可以与您在纽约继续领导的超现实主义活动并存吗？

不止如此。对我来说，前者似乎是后者的代价。在那些年里，纽约的超现实主义活动主要表现为：1942 年，杜尚和我应一个战俘救济机构之邀，组织了一次国际展览，以

1　布勒东 1943 年与第二任妻子雅克琳·兰巴（Jacqueline Lamba，1910—1993）离婚之后，在纽约遇到了智利艺术家艾丽莎·艾内（Elisa Enet，1906—2000），二人于 1945 年结婚并共同生活直至布勒东去世。

及《VVV》[1]杂志的出版，编委由杜尚、马克斯·恩斯特、大卫·黑尔[2]和我担任。谈一谈这个标题就足够了，我是这样解释的："VVV，即 V+V+V（众所周知，分开两指时形成的字母 V，曾被赋予'胜利'的含义），V 不只是一种誓言和毅力，以求回归一个适合居住的、可堪想象的世界，不只是对当时肆虐人间的反动势力与死亡势力的胜利，V 还是双重的，也就是说超越了这第一场胜利的 V，战胜了一切让人与人之间的奴役永存之物的 V，而除了这双重的胜利 VV，还有战胜了一切反对精神解放之物的 V，而人的解放正是精神解放的必备条件。"这足以表明，我去纽约电台当"播音员"和给《VVV》杂志做主编，两者并不冲突。不论哪份工作，打碎纳粹的枷锁都优先于其他一切。在这一点上，只有等到斗争的结果无可置疑时，我才允许自己拉开一点距离，稍稍隐退。在加拿大海边，我听到了巴黎解放的消息。这激发出了许多情绪，流露在我当时刚刚着手创作的那本书的开篇，它将被命名为"秘术 17"。

---

1 《VVV》杂志是 1942 年至 1944 年间在纽约出版的一份超现实主义刊物，共出版 4 期。

2 大卫·黑尔（David Hare，1917—1992）：美国艺术家，参与过美国的超现实主义运动。

梅露西娜在第二次喊叫之际：她从其无球的臀部
喷出，她的肚子是八月全部的收获，弓形的腰身效仿
燕子的双翼，令她的躯干如烟花般一跃而出；她的乳
房是被其喊叫捕获的白鼬，其狂吼的口中熊熊炭火的
光芒令人彻底失明。她的手臂是歌唱并散发芳香的溪
流之灵魂。她失去光泽的头发崩塌而下，彻底形成了
孩童与女人的所有不同特点，如此特别的变化永远征
服了诗人，因为时间在她身上无从下手。

　　　　　　　　　　　　　　　　　（《秘术 17》）

十五

几个奢望——在巴黎超现实主义必须挫败各种阴谋阻碍——活力之保证

本次访谈的主体部分涉及解放之后超现实主义者的立场，在开始之前，我希望您对我细说一下，这部在两个时代之间承上启下的作品，您将其命名为"秘术17"，是出于何种象征性的理由以及个人原因呢？

"秘术17"这个题目直接参考了塔罗牌中"星辰"牌的传统含义[1]。它象征着希望与复活。正如我在上期访谈结尾提到的，巴黎的解放预示了一个新的时代，当时这个极度振奋的消息传到我耳中，仅仅出于这一点，就让我有意把我的作品置于这一符号之下。当然，话说回来，在我心里，它也取决于我身边一位无比亲密的人：在我们相遇前不久，我知

---

1 "星辰"牌是塔罗牌中的第17张，传统的图案是一位裸女在群星之下拿着陶罐倒水，一只脚探进水里，深入潜意识的精神领域，另一只脚停留在岸边，通往意识层面的物质世界。她带来的是关于未来的希望，以及理想的达成。因此，"星辰"牌指向新的希望，象征着美好的未来。

道生活已在她眼中失去了全部存在的理由[1]，因此我只希望使她"重获新生"。各种大相径庭的情绪将我团团围住，而正是为了这些情绪特殊的结合，我要求向自己阐明"秘术17"的另一层含义，对于信奉秘术之人而言，它其实意味着一种作为智性生活之萌芽的感性。智性生活将会重生，至少我们希望它能摆脱束缚，但关键是要弄清楚，究竟是哪种经过革新的感性，在恢复原初力量之后，能够将其推动。1944年夏末，我遥望着加斯佩希海岸及其远处的博纳旺蒂尔岛（这个名字如此诱人[2]），种种形势都有利于我勘察这些欲望之地的疆界，它们荒芜已久，却又突然间重焕生机，我不断接收它们的呼唤，哪怕是在它们看似最遥不可及之时：诗歌，爱情，自由。

在您回归法国前夕，您怀有怎样的期望和情感？您找回了二十五年前曾经激励过您的热情干劲和战斗意志吗？

在上一场战争结束时，许多方面都令人失望透顶，我曾以为，世界会有能力一跃而起，重回正轨，这么想的人应

---

1 布勒东在认识他的第三任妻子艾丽莎时，后者与前夫所生的女儿刚刚在一次旅行中溺水身亡，导致艾丽莎一度试图自杀。

2 博纳旺蒂尔岛的名字"Bonaventure"直译过来的意思是"历险愉快"。加斯佩希半岛及博纳旺蒂尔岛均位于加拿大东南部魁北克地区。

该不止我一个，数个世纪以来，所谓的"文明"似乎让世界越来越偏离这个正轨。不管怎样，在我看来，冲突爆发前，一直被人维系的某些代价高昂的幻觉，不可能不被戳破。如果有人能够理智地期盼，战争刚一结束，那些不管是因为接受苏德条约，还是顺从维希政权，更别说与占领者相勾结而严重破产的老朽政党会被重新召回，让同一批已被证明难堪大任之辈再次掌权，那么，即便我们知道人类的记忆极其短暂，也还是见鬼了。

说得更具体点，比如，您对人类政府有何希望呢？

我们可以期望对体系进行重组，而晋升领导岗位的人选，必须是在抵抗运动中脱颖而出的刚毅之士。尽管我们近来有所争执[1]，但我还是得说，回过头来看，阿尔贝·加缪当时在《战斗报》[2]上发表的那些文章是多么振聋发聩、直击人心。那时的空气，我们似乎一下子就可以大口呼吸了。我们

1　1951 年，加缪出版文集《反抗者》，书中对布勒东奉为圭臬的洛特雷阿蒙、兰波等前辈诗人进行了批评，并且将超现实主义革命视作一种虚无主义。因此引发了布勒东的激烈抨击。1951 年 10 月 12 日，布勒东在《艺术》杂志上发文，对加缪在《反抗者》中的指责进行了回击，加缪则在 1951 年 10 月 19 日的《艺术》杂志上发表《致主编先生》的公开信，对布勒东的文章加以反击。

2　《战斗报》是二战期间法国抵抗运动者发行的一份地下报刊，加缪于 1943 年加入《战斗报》团队，并一度成为主编，其间撰写过大量时事评论，直至 1947 年将主编之位让出后逐渐淡出。

告诉自己，饱含勇气与宽容的提案百家争鸣的时代或许不远了。至于这些希望最后变成了什么，我们都太清楚不过了。

您是否对某种特定的政府构架感兴趣呢？

政府？不。但是如果你想说，对于人类利益更合理的管理经营，我倒是有兴趣。我觉得，至少在世界上的绝大部分地方，人们可以呼吁成立一种新型的三级会议[1]，用三个新等级取代旧等级，比如（问题有待更深入的研究）：技术人员和学者，教育家和艺术家，城市和乡村的劳动者。事实上，尤其是通过阅读圣伊夫·达尔维德尔[2]，我坚信，三级会议，哪怕以原始模式运行，也有巨大的好处，它让社会优先于政治。凭借其自身的手段——日复一日地记载"陈情书"，以及最终向宪政机构"进谏"——唯独它有能力克服统治者和被统治者之间的致命二元论。我认为，人们不能仅仅向往一个平衡和睦的世界，还要对其追根溯源，

---

1 三级会议是法国大革命之前，法国全体人民应国王召集而举行的不定期会议，第一级为神职人员，第二级为贵族，第三级为平民。法国大革命之后三级会议被彻底废除。

2 亚历山大·圣伊夫·达尔维德尔（Alexandre Saint-Yves d'Alveydre，1842—1909）：法国神秘学家，他在 1887 年出版的著作《真正的法兰西或法国人的任务》一书中提出过一种他心目中理想的政治形式"共治主义"，让人民共同分享政治权力，主张阶级之间团结起来，克服经济与政治冲突，形成和谐社会。

人们不妨费心细读一下傅立叶[1]的吸引力理论和昂方坦[2]关于妇女解放的论文。

不管怎么说，正是在这一时期，您创作了《夏尔·傅立叶颂》。写作背景到底是什么呢？

我在美国西部的一次旅程途中写下了《夏尔·傅立叶颂》，那次旅程让我在内华达、亚利桑那和新墨西哥逗留了一番。在那里，我长久凝望着几座鬼城的景观：银城，弗吉尼亚城，几处"淘金热"遗迹，还有门板砰啪作响的废弃房屋，以及张贴着上世纪海报的剧院。我尤其满足了自己一直怀有的一个巨大渴望，那就是亲近印第安人，特别是普韦布洛印第安人（霍皮人和祖尼人），他们的神话和艺术尤为吸引我。我还没有放弃这个念头，就是讲述我在他们（逊戈帕维人、沃尔皮人、祖尼人、阿科马人）部落里体会到的强烈印象，我对他们的高贵和不可剥夺的灵性深信不疑，这些品质与他们身处的悲惨处境形成了如此深刻又惊人的反差。我不明白，白人不时表现出某种意动，要给予黑人及黄种人公

---

1 夏尔·傅立叶（Charles Fourier，1772—1837）：法国空想社会主义者。

2 巴特莱米－普罗斯佩尔·昂方坦（Barthélemy-Prosper Enfantin，1796—1864）：法国社会改革家，强调用自由恋爱对抗婚姻暴政，呼吁废除卖淫，妇女能够离婚并获得合法权益。

正与补偿，怎么就愈发频繁地忽略了印第安人呢，要知道，他们已经给出了其创造力的诸多明证，而且还是目前为止受劫掠最严重的民族。

回到法国本土之前，您先后在海地和马提尼克待了几个月，做了一系列讲座。其间有什么值得一提的事件吗？

我的朋友皮埃尔·马比耶当时是太子港的文化顾问，在当地颇有门路，多亏了他，我参加了许多巫毒教的仪式，并近距离观察了一系列"着魔"现象，这一直是超现实主义的核心兴趣点之一。值得一提的是，这些现象，在海地专家看来，一方面融入了贝宁和几内亚的某些传统，另一方面则混合了十八世纪由马丁内斯·德·帕斯夸利[1]带到太子港的催眠实践。

当时，您对解放后的智性生活状况有过怎样的预测？

1946年春离开美国时，我还远没有对法国的思想处境形成清晰的认识。事实上，长久以来，我都相信，两次战争

1　马丁内斯·德·帕斯夸利（Martinez de Pasqually，1727—1774）：一位国籍不明的旅行家，被勒内·盖农称为"西方神秘主义的最后传人"，对加勒比海地区的神秘主义产生过重大影响。

之间历经的一切，都会被人精筛细查，而超现实主义本身也不例外。所以就有了 1942 年我对耶鲁学子发表演说之际，那一时被人认为迟疑的语调，就有了同一时期诸如"第三次超现实主义宣言绪论或不"这样的标题。当然，解放以来，寄给我的诸多信件和传到我手中的各类作品都让我清楚地意识到，智性层面上，风向还未发生太大的改变。我曾在纽约和加缪有过几番长谈，紧接着是和萨特[1]，他们让我瞥见了法国当时的精神状况。我记得，萨特尤其强调了斯大林主义者在文学界散播的"恐怖"。据他说，你若公开质疑《心碎》[2]的作者阿拉贡取得的诗学成就，那就太不慎重了：你有可能活不到明天……

您随后了解到的事情向您揭示了什么呢？

在巴黎，我很快就相信，即便萨特运用了某种夸张的表述，他也所言非虚。在抵抗运动时期，唯有斯大林主义者被强有力地组织了起来，他们当时已经成功地占据了出版社、报刊、电台、美术馆等机构的几乎所有要职。他们下定

1　加缪 1946 年 3 月至 6 月间访美，萨特则在 1945 年 1 月及 1946 年 2 月两度访美。

2　《心碎》是阿拉贡出版于 1941 年的一部诗集，当时阿拉贡已经彻底投身于法国共产党。

决心保住他们的位置，而他们采取的手段虽然早已确定，但他们才刚有机会在试验中予以完善。我对这些手段早有耳闻，但我必须承认，它们一旦实施，就立刻超出了我的所料。我们在最沙文主义的态度中认出了最激烈的反军国主义，一边挥舞着"黑名单"渴求制裁，一边却又偷偷同意一笔勾销以换取可靠的担保，这就是所谓的"平反"手法。智性方面，最重要的，当然是压制那些能够看穿其真实动机并揭发这一操作的人，堵住他们的嘴。在对所有能够影响舆论的机构进行了无数渗透之后，斯大林主义的机器，至少在很大程度上，成功扼杀了这些人的声音，同时还试图用定期的诽谤，让这些人在其控制的媒体上身败名裂。

这样的威胁能够波及超现实主义吗？

超现实主义当然是令其局促不安的阻碍之一。首先，被斯大林主义政党捧红的几个知识分子的情况，我们早就一清二楚。其次，他们必须不惜一切地阻止超现实主义表现为一个永葆活力、忠于初心的运动，因为这足以毁掉他们那些跟不上潮流的伪命题。而随着年轻一代继续支持，新成员不断加入，这么做就变得愈发困难。要不是有人用一套足够巧妙的权势计谋，剥夺了年轻一代自我表达的手段，尤其是定期的集体出版途径，像贝都安、达克斯、杜普雷、海斯勒、勒格朗、卢卡、米特拉尼、舒斯特、特罗斯特、赞巴卡[1]这样的名字（我不会把我的朋友悉数列出）早就引人瞩目了。好在有迹象表明，这样的处境行将结束。

超现实主义如何继续发展呢？

鉴于有人暗中使绊，超现实主义在这过去的六年间，几乎只能通过个人作品来确认其信息的连续性。而且，很显然，经过三十年的发展，它造成过不少还算清晰的波澜，这些波澜的影响范围必定不限于那些有意构成其当前骨架的人。如今涌现出的一些作品，虽然算不上严格的超现实主义，却在精神上与之深刻相通。在我看来，让-皮埃尔·杜普雷与马尔科姆·德·沙扎尔[2]，激发二者抒情性的东西并无本质不同。在戏剧方面，出于同样的原因，近来两部水准极

1　布勒东在此提及的均为二战后新一代超现实主义者：让-路易·贝都安（Jean-Louis Bédouin，1929—1996），法国作家。阿德里安·达克斯（Adrien Dax，1913—1979），法国画家。让-皮埃尔·杜普雷（Jean-Pierre Duprey，1930—1959），法国诗人。京德里克·海斯勒（Jindřich Heisler，1914—1953），捷克诗人。热拉尔·勒格朗（Gérard Legrand，1927—1999），法国诗人。盖拉西姆·卢卡（Gherasim Luca，1913—1994），罗马尼亚诗人。诺拉·米特拉尼（Nora Mitrani，1921—1961），保加利亚诗人。让·舒斯特（Jean Schuster，1929—1995），法国诗人。多尔菲·特罗斯特（Dolphi Trost，1916—1966），罗马尼亚诗人。米歇尔·赞巴卡（Michel Zimbacca，1924—2021），法国诗人。

2　马尔科姆·德·沙扎尔（Malcolm de Chazal，1902—1981）：毛里求斯作家，布勒东曾称赞他的作品具有超现实主义精神。

高的作品，朱利安·格拉克的《渔王》和乔治·谢哈德[1]的《鲍勃勒先生》，也理应被彻底纳入超现实主义。

您能否也说一说电影作品呢？

当然。在电影方面，路易斯·布努埃尔的《被遗忘的人们》，标志着他正式告别了《一条安达卢西亚的狗》和《黄金时代》中的梦幻，但和前作相比，这样一部影片，也表明了布努埃尔精神的一致性：无论人们愿不愿意，他依旧是超现实主义的组成部分。而且，我们对戏剧或电影的看法也适用于其他表现形式。出于同样的原因，乔治·谢哈德与奥克塔维奥·帕斯[2]的诗，让·费里[3]的《火车司机》，莫里斯·弗雷[4]的《玫瑰酒店之夜》，都属于超现实主义，而且注定会在运动历史中占有意义不凡的一席之地。此外，还有许多作品不同程度地体现出超现实主义的精神，对此我

1　乔治·谢哈德（Georges Schéhadé，1905—1989）：黎巴嫩剧作家。《鲍勃勒先生》是其1951年出版的剧本。

2　奥克塔维奥·帕斯（Octavio Paz，1914—1998）：墨西哥诗人，1946年之后出任墨西哥驻法国外交官，其间与布勒东来往密切。

3　让·费里（Jean Ferry，1906—1974）：法国作家，《火车司机》是他1953年出版的一部小说集。

4　莫里斯·弗雷（Maurice Fourré，1876—1959）：法国作家，1950年出版《玫瑰酒店之夜》，由布勒东作序。

们势必要进行一番选择。

在造型艺术领域，您如何描述当时的情况呢？

这明显更加复杂。当时，为了防止超现实主义在造型艺术领域的扩张，有人策划了各种阴谋诡计。一部分人听从莫斯科的指令，想要彻底消灭想象的艺术，好用所谓的"社会主义现实主义"绘画和雕塑取而代之，后者满足于让学院里的几个新手给国家的宣传和煽动服务。另一部分人——这首先跟美国的利益有关——则要贬低超现实主义的造型艺术，以便鼓吹一种所谓的"非具象"艺术，而经过一连串活动，后者的可靠性已然日益显得无从证实。

在这方面，费用倒不是问题，因为巴黎的一家大型画廊表示愿意举办超现实主义国际展[1]，展览包括马塞尔·杜尚设计的"雨屋"和"迷宫"，以及委托建筑师弗雷德里克·凯斯勒[2]（为此他特意从纽约赶过来）悉心打理的"迷信之屋"，还有十二个"祭坛"，每个都用来供奉"一个生物，一个物种，或是一个能被赋予神话生命的对象"。我在

1　即 1947 年在巴黎的玛格画廊举办的超现实主义国际展。

2　弗雷德里克·凯斯勒（Frederick Kiesler，1890—1965）：美国建筑师。

说什么呢！如同骗局一般，画廊老板[1]似乎想要加入其事业最恶劣的诋毁者之列，因为他竟然允许在展厅门口发放攻击展览的传单，上面的署名者就是他当时的主要合作者[2]。比起 1938 年，乔治·威尔登斯坦[3]把他的"美术"画廊交给我们举办一场同类型展览时所怀有的亲切，我们对此人避而远之，谈不上什么长久的和气。

不久之后，两部重要的超现实主义作品，带着早年宣言的语调，引起了一些骚动。我指的是《让上帝的吠徒们滚回老窝！》和《逮个正着》[4]。您能否向我指出它们的旨趣所在呢？

其实，在同一时期，超现实主义也不得不提防一种肆无忌惮的垄断和查抄企图，其受益者打算成为宗教的帮凶：

---

1 艾梅·玛格（Aimé Maeght，1906—1985）：法国画廊老板，1946 年在巴黎开设玛格画廊。

2 超现实主义国际展开幕之际，艾梅·玛格的合作者雅克·寇博（Jacques Kober，1921—2015）等人在门口分发传单，对展览加以攻击。

3 乔治·威尔登斯坦（Georges Wildenstein，1892—1963）：法国画廊老板，在巴黎开办了威尔登斯坦画廊。1938 年该画廊举办了"超现实主义国际大展"，由布勒东和艾吕雅联合策划，杜尚也参与了布展工作。

4 《让上帝的吠徒们滚回老窝！》是由布勒东牵头出版于 1948 年的一个反宗教小册子。《逮个正着》则是布勒东 1949 年出版的一本文集，重点讨论了一篇托名兰波的伪作。

他们无非是想披露，超现实主义的追求，即便不与某些基督教观点相通，至少也可以与之并存。同样的手法已被用来对付波德莱尔和兰波，之后还被用来对付过萨德和洛特雷阿蒙。在名为《让上帝的吠徒们滚回老窝！》的小册子里，我和我的朋友们认为，长远来看，我们已挫败了这种围攻战术。

我不得不下定决心面对的最后一击，是由某部《超现实主义史》的作者[1]（我想是以再陈腐不过的理性主义之名）偷偷发起的，这本书并非毫无价值，但它依据的证词多少有些不可靠，还暴露出许多谬误和令人相当尴尬的纰漏。他是个临时历史学家，不怀好意的心思在全书末尾表露无遗：他试图——他不会是最后一个这么干的人——用我最亲密、相识最久的战友邦雅曼·佩雷来反对我；他发布了唯一的权威论断，即"只差超现实主义运动的死亡证明还未撰写了"。没见过比他更草率的传记作者。由于这本书出版时我还在纽约，他便趁机在那篇声明后面加了一篇对我颇为恶毒的后记，尽是一些不入流的"道听途说"。不过，我宁愿相信他是被人利用了，回国后也未对他怀恨在心。当他抓住安托南·阿尔托去世的机会，指责我居然还在苟延残喘时——这

1　即莫里斯·纳多（Maurice Nadeau，1911—2013）：法国学者，二十世纪三十年代与布勒东等超现实主义者来往密切，1945年出版《超现实主义史》，是一部关于超现实主义的重要参考文献，但受到了布勒东的严厉批评。

在他看来充分证实了我缺乏诚信——我便真的忍无可忍了。把我与阿尔托联系起来的纽带极为深厚，他对我的眷顾留下了许多令人难忘的印记（这一点将随着他通信集的出版得到展现），他的离世让他的朋友们感到震惊和残酷，这一切都让这样的权宜之计显得尤为可憎。何况，运用这种手段的人就不应该把它带去天堂。之后不久，我迎来了绝佳的反击机会：一篇破绽百出、乏善可陈的文章被置于兰波名下，他居然表示认同。我在《逮个正着》中讲过这场纠纷中的各种波折，足以证明他的惨败。换了别的时候，这样一番凌辱会让一名批评家永远拿不起笔来。

　　总之，在您看来，超现实主义还未穷尽其历史必然性，也没有失去一丝活力吗？

　　丝毫没有。这就是为什么，最近这段时间，我不仅执意强调超现实主义获得了新的力量，还一定要表明它到底与什么发生过争执。如果超现实主义已经死了，就像那些把私欲当成现实的人自其创立以来年复一年反复唠叨的那样，那么我很难明白，近些年来，针对它的冒犯为何愈演愈烈。这些不断重复的冒犯，非但没有令我们心寒，反而是超现实主义观念深入我们行走的大地并且充满生命活力最确凿的依据。

诗被造于床上就如爱情

它凌乱的床单是万物的曙光

诗被造于树林

．．．．．．．．．．．．．．．．．．．．．．

它不在屋顶上叫

不适合开着大门

或者传唤证人

．．．．．．．．．．．．．．．．．．．．．．

爱的行动和诗的行动

与高声读报

难以兼容

．．．．．．．．．．．．．．．．．．．．．．

幻术之房

不先生们这不是八号房

也不是周日晚营房里的蒸汽

．．．．．．．．．．．．．．．．．．．．．．

诗的拥抱就如肉体的拥抱

只要它持续

世间的苦难便无孔可入

（《诗集》）

十六

最后的回顾——幸福？关键是不曾
"屈服"——荒野之花

　　在这一系列广播的终点，布勒东先生，我想请您回答一个问题：您觉得，您对我们吐露的这些实情，真的让我们准确认识了安德烈·布勒东这个人吗？

　　我觉得我自己是最没有权力对此做出判断的人……从向我提出的第一个问题开始，我就自然而然地推断，这些访谈的对象是超现实主义而不是我自己。由于我受邀前来说明的是一场精神历险的编年史进程，而它一直是并且仍然是一场集体运动，所以我不得不相对抹掉一些自己的痕迹。首先，我应该尽可能地保持客观。按理说，我无法随意略过任何与这场运动的历史深度相关的事实，并且我也有义务表明，各种事件是如何相互衔接的。至少在这方面，我必须努力做到不偏不倚，直到某一刻我退出舞台为止。但我觉得，我的一些意见和评论，难免会让有心之人从中辨别出我的个人特色。我曾多次感叹，有人总是期待着我会给出某种信息，把我拉回过去，而不是带向未来，但坦率地说，久而久之，这就严重背离了我个人的诉求和意图。不过还能怎样呢，这注定是人生的代价，为了确认某种理念，人生中的绝大部分光阴都被消耗一空。

请允许我进一步提问。这些访谈有意拒绝采用某种程式，包括询问您面对生活的态度，就像我的同事罗贝尔·马莱[1]在采访保罗·莱奥托[2]时出色展现过的那样。您每一天的生活都在书写着超现实主义的历史，访谈更愿意通过这段历史去接近您，我想，客观上我们对您也产生了一个更深刻、也更完整的看法。不过，这不也把您的某些不那么明显却同样本质的方面留在了阴影之中吗？访谈的首要目标应该是揭示您这个人，您觉得这一目标被访谈错失了吗？

完全没有。保罗·莱奥托的访谈采用的方式很适合他，对我却完全不合用。首先，莱奥托是个有急智的人，而我完全不是。此外，他的历险完全属于他个人，所以他能允许

---

1 罗贝尔·马莱（Robert Mallet，1915—2002）：法国作家，曾长期在法国国家广播电视台工作，以一系列作家访谈闻名。

2 法国作家保罗·莱奥托曾在 1950 年 12 月至 1951 年 3 月间，与罗贝尔·马莱进行过二十九次访谈并在国家广播电台播放。莱奥托的访谈是漫谈式的，访谈之前并未刻意准备，而布勒东则在访谈前准备了底稿。

自己心血来潮，故意绕弯子，就为了说他想说的。他的年龄和他天生的怀疑主义赋予他的那份洒脱，我强求不来。我可以喜欢那样的怀疑主义赋予他的自由风度，但不必因此进行任何模仿。就我们的访谈而言，取舍如下：要么只涉及我本人，要么通过我来谈超现实主义。你选取了后一方法，我若要对此吹毛求疵，就太傲慢了。

这个回答允许我把接下来的问题限定在两个关键点上。首先，您在捍卫超现实主义时始终不妥协，对于这种态度，如今您自己有何想法？

捍卫超现实主义时？你瞧，我们又不由自主地回到了超现实主义。喔，我太清楚，不妥协已经过时了！近些年，我们的词汇系统遭到了严重的侵蚀和损坏，以至于一说"不妥协"，人们想到的就是绝对主义和独裁[1]。我拿来捍卫超现实主义的不妥协，它到底意味着什么？我所指望的是我认为正确的东西，是我断定能够让人的处境变得不那么难以接受的东西。还有其他人在相同的意思上表过态，我们知道这样的人为数不少，我认为，他们倘若违约，哪怕是背地里违

---

[1] "不妥协"（intransigeance）一词在法语中还有"不让步"的意思，因此让人联想到独裁者的一意孤行。

约，也必须对他们的变卦问责。你可以想见，对于自己能够迎风破浪，坚守初心，我是相当满意的！

对于一整套确定的理念，在年轻时让几个人达成根本性的一致，其实相当容易，但不可否认，生活最擅长瓦解这些最开始能够聚在一起的力量。比如，你可以去看看圣西门主义遭遇过什么。此外，物质层面的生存需求，久而久之，也变得愈发紧迫起来。还有女人……总之，一切就像维克多·雨果那首美妙的诗《海上冒险家之歌》里发生的那样。他在诗里写道：

> 在马耳他，欧法尼当了僧侣
> 而戈博成了滑稽演员……

如果命运想让一个人在此之后继续掌舵，那么这只船舵，就必须牢牢握住……

当然。不过，当您回想起曾经领导过的战斗，回想起源源不断的难关、撕裂，还有牺牲时，您对自己有何感受呢？

好吧，我觉得自己没有失去年轻时的追求，这在我看来已经很不错了。我一生致力于追求那些被我认定为美的东西、公正的东西。总体来说，我按我梦想的方式活到了今天。在我领导的战斗里，从不缺乏和我一样果决的战友；多亏了他们，我从未失去人性的热情。确实，我不得不与他们中某些曾经和我亲近的人分开，其他人也离开了我，但关于他们的记忆长久地萦绕着我，这些记忆还会在某些时刻向我袭来，不可否认，每一次，都像一道伤口裂开。但我觉得，如果我们想要保下最初的赌注，就必须这么做，若不以此为代价，就什么也赢不了。在很大程度上，我们赢下了赌局。我无意吹嘘什么，但如今众所周知，超现实主义对现代感性的塑造有过不凡的贡献。而且，它成功地让其价值尺度，即便不是全盘接收，至少也被认真地加以考虑。回想"超现实主义革命"这样一个刊物的名字，当时被认为非常夸张，但毫不过分地说，那样一场革命已在人们的头脑中完成。例如，让我们想想所有那些来自过去的人物形象吧：超现实主义让他们走出了阴影，如今他们被视为光之使者；至于那些虚假的光之使者，超现实主义则让他们回到了阴影之中。在这方面，我们当然不能奢求更多。但另一方面，巨大的阻碍等待着我们。哪一方面？我们自认为有义务主动参与的那个方面，也就是借助我们所处的位置，运用我们特殊的手段，去促成世界的社会改造。历史会告诉我们，今天那些要求独占这一改造权的人，到底是在为人类的解放而努力，还是在让人类遭受一种更糟糕的奴役。不管怎样，超现实主义作为明确的、有组织的运动，目的是回应尽可能广泛的解放意志，却无法从他们的体系中找到任何切入点。即便这标志着无可置疑的失败，在某些方面还意味着浪费了大量时间，但或许并非徒劳无益。首先必须进行这样的实验，然后在 1925 年至 1950 年间，逐步进行汇报。而且……超现实主义，它只是自由思想的一小部分，却与一切奴化思想进行着较量，抛开斗争的结果不论，你知道，这像极了大卫和歌利亚[1]……

我们无疑可以信任历史的判断，但您认为超现实主义当前的接受度与其真实的影响力相称吗？

在这方面，我内心没有任何失落的想法。一些重要人物去世了，他们完全有理由认为自己终其一生默默无闻，另一些人经历了死后八十年的遗忘，才有机会让世人听见他们；不用因此把我与他们相提并论，我有理由认为自己比他们更受老天眷顾，星运更佳，谁知道呢？但早在二十年前，我就已经在问：一个人怎么能够觉得自己具有超现实主义的精神，同时又放不下他在世间的地位。超现实主义当前获得的地位？我不知道这一切是不是它应得的，但我对此没有异

---

1 根据《圣经》记载，歌利亚是非利士人的首席勇士，高大威猛，带兵进攻以色列，所有人都不敢应战。而年轻的大卫身材矮小，用投石弹弓打中歌利亚的脑袋，割下了他的首级。

议：哪怕低了我也不会在意。在"地位"这个词里，总有一种令我不安的官方认可之意。我曾说过，出于性情，基于推理甚至超出了推理，我一直站在反对者那边，无论发生什么，我都愿意团结一个可以无限翻新的少数派（当然，它必须在一个更具解放性的方向上有所表态）。这适用于我所捍卫的一整套命题，与帝国主义的目标格格不入。依我看，人们开始在学校里讲授超现实主义就已经很过分了。我毫不怀疑那是为了简化它。在我年轻时，我能恰如其分地理解波德莱尔或兰波，就是因为他们压根没被写进课程大纲……

请允许我提一个无厘头的问题：如果超现实主义是1951年的一大发现，您还会以同样的热情投身战斗吗？

在这类思考中总包含着某种相当徒劳的意味。为了以稍显中肯的方式作答，有必要同时考虑三十年来我身上发生的变化以及同一时间世界发生的变化。不难理解，我自身的变化是基于世界的变化，以及其他的若干因素。在二十或二十五岁时，斗争意志是根据身边见过的最冒犯、最难忍的东西来定义的。在这一点上，当今世界呈现出的弊端不同于二十世纪二十年代。

例如，在法国，当时精神遭受的威胁是凝固，而今日则是解体。影响世界格局和人类意识的各种裂痕还未产生

（我想到了两大"阵营"的顽固对抗、极权手段还有原子弹）。显然，这种处境在今天的青年们身上激起的反应，不同于我们年轻时另一种处境让我们产生的反应。不过，我觉得，这丝毫没有削弱超现实主义关于诗歌、自由、爱情的主要命题。在全新的背景下，有待人们重新思考的是社会问题。在这个意义上，如果不是为了指明我眼中的公正，我想我也不会无所畏惧地追随马克思，也不会在我的《夏尔·傅立叶颂》里，主张重新考虑傅立叶作品中依旧鲜活的内容。而且，我早早就加入了"世界公民"运动，因为在我看来，其目标在规模上是唯一符合形势要求的。无论这样一个行动不可避免地遇到何种困难，我都会一直无保留地信任罗贝尔·萨拉扎克[1]身边那些激励者和组织者。

在您昔日的战友中，有些人抛弃了您，甚至背叛了您，您对他们有什么感觉呢？

我已经拉开了足够的距离，为了在这类评判中投入尽可能少的偏见。关于这个话题，我的朋友费迪南·阿尔吉耶在《哲学院手册》杂志中发表过一篇论文，题为"超现

1　罗贝尔·萨拉扎克（Robert Sarrazac, 1913—2006）：法国抵抗者，"世界公民"运动创始人之一。

实主义的人本主义与存在主义的人本主义"，其中表达了一个令我印象深刻的观点。超现实主义，和曾经的浪漫主义一样，被分成两派：一派选择"不带梦想的社会行动"，另一派选择"一种态度，尽量守住最初的理想，但也减少介入"。对此，他认为可以确认，两派人具有同样的真诚和忠心，如果"道德维度和历史维度"无法协调，总之那也不是任何一方的错。鉴于我不断地主动参与论战，我显然无法赞同这一评价，但客观地讲，我觉得这不失为一种高见。我承认扰动是双重的，在超现实主义内部，就像近来的分裂再次表明的那样，断离的动机存在过，而且至今依然存在。除去曾经能把我们分开的一切，抛开我们持有的、尚未被完全打消的偏见，我渴望抵达这平静的时刻：毫不苦涩地注视由多人共同铺设的道路，毫无私心地感激某个东西，以至高的热忱将一些人聚集在同一项事业周围，即便那些人并非始终是同一批人……

我想，任何超现实主义调查都不会把幸福作为对象。您能否透露一下，在您的生命中，您赋予了幸福什么样的地位呢？

有必要明确一下"幸福"一词的含义。从思想的游戏，以及这些思想所能引发的回响中获得某种程度的满足，并不等同于持久的惬意。但我觉得，某些人，包括我自己，尤其向往这种满足，哪怕要付出高昂的代价。我说过，像我曾经投身的这类活动，其最惨痛的失利就是，在那些为之献身的人之间，它创造的情感联系往往经不住一定规模的意识形态分歧。所以这是充满变数的幸福。但我想，还是有某种真正幸福的东西值得确信：青春风暴没有搁浅于成年的泥潭，昔日激昂情感的伟大源泉——诗人们以及其他几个人，每一次狂风带回他们的嗓音，眼前就露出同一片永不失效的广袤区域。

　　说到幸福，我还能听见纪德对我们朗诵他的一篇文章，当时有阿拉贡、苏波和我，开头是这样一句话："人就是为幸福而生的，自然万物无不这样指点……"[1] 我心里思量，这话很有争议。在爱情中，我寻求的也不是幸福，而是爱情本身。

　　虽然您有可能拒绝回答这个问题，但我还是想请您具体说说，超现实主义为我们今天的各种技术如电影、广播等提供了什么样的前景呢？

　　从第一次《超现实主义宣言》开始，我就颇为留心地

1　语出纪德的《人间食粮》，最初发表于 1919 年 3 月的第 1 期《文学》杂志，是第 1 期的开篇之作。

指出，我对未来的超现实主义技术不感兴趣。至于将超现实主义应用于这样或那样的技术表达手段，当然更是如此。而且，杜尚的某些作品要归入哪一类呢？马克斯·恩斯特、马格利特、布劳纳的那些画作跟诗歌的关系就不如跟绘画的关系紧密吗？电影的标准可以穷尽《黄金时代》这类影片的内容吗？这种形式划分非常可笑。同样可笑的，是寻思我们那些对独自远航情有独钟的朋友，比如米罗或普莱维尔：他们在何种程度上是或不是超现实主义者？为了认识到问题的无效性，只需换成浪漫主义，甚至印象主义或者象征主义就行了……

这一系列访谈突显了您三十多年来的活动以及超现实主义运动，为此我们自然想要问您，您现在的精神和行动以什么样的视野为导向呢？

如果就像我所承认的，长久以来，超现实主义，始终是开阔的天空下一条相当喧哗的奔涌河流，近些年才转入延伸得足够长的地下航道，那么我会重申，这完全是一种外部印象，原因不过是这段时期缺乏定期的集体出版物而已。对于那些四分之一个世纪以来每年都要给超现实主义送葬两三次的家伙，我无意冒犯，但我坚持认为，超现实主义的能量之源完好无损。对此我需要的证据，不过是1951年5月的这份最新声明，我越是将其归功于我的七位最年轻的朋友[1]，它就越是对我显得弥足珍贵："到目前为止，似乎只有超现实主义挑战了那个不放过任何体系也不放过任何人的石化进程。不断警告那些还未患上失语症的人，持续摧毁那些压抑了人类数百年的经济和道德教条……最终去寻找疾病的烈度和毒性所需的新型解药：这些命令在我们看来源自超现实主义一直以来秉持的原则……在精神生活的意识和无意识之间，在革命行动和狂热欲望之间，在唯物主义和唯心主义之间，你们对这条轨迹不断做出定义，这条轨迹就是超现实主义的轨迹本身，而从你们有幸与之相交的原点出发，我们只能一口气跑完全程，并将其全部变成属于我们的东西。"谁也不能否认，我的人生正是借着一场运动拥有了血肉，而在一份囊括了这条格外漫长的运动轨迹的陈述结尾，可想而知，对我来说，没有什么比这份证词来得更有价值。

如果您愿意的话，让我们用这个提问结束谈话吧：在您涉足的这场非凡的人类历险中，是什么维系了您的信念呢？

1942 年，我在美国对耶鲁大学的学生们发表演说时，

1　1951 年 5 月 24 日，年轻一代超现实主义者何塞·皮埃尔、让-路易·贝都安、让-皮埃尔·杜普雷、诺拉·米特拉尼、贝尔纳·罗杰、让·舒斯特、居伊·杜马鲁七人联合发表了一份声明《高频》，对超现实主义的自由与反抗予以赞颂。

就曾强调过："超现实主义诞生于对青春天赋中无限信念的肯定。"[1]就我而言，我不曾有一刻背弃过这个信念。夏多布里昂[2]说得好："身为布列塔尼的孩子，我喜欢荒野。唯有其贫困之花不曾在我的领口凋谢。"[3]我也来自这些荒野，它们常把我撕裂，但我爱它们在我心头维系的磷火之光。既然这道光抵达了我，我就尽我所能地把它传递出去；我自豪地想着，它还没有熄灭。在我眼中，关键在于把握我的机会，不辜负人类的历险。

1　语出《两次二战之间的超现实主义状况》。

2　弗朗索瓦-勒内·德·夏多布里昂（François-René de Chateaubriand，1768—1848）：法国作家，法国浪漫派先驱之一，出生于法国西北部的布列塔尼。

3　语出夏布多里昂1844年的作品《兰塞的一生》，文中他提到的野花是布列塔尼地区极为常见的欧石楠。